# CLEVER KIDS WORD SEARCH

 US PRESIDENTS

Scott Peters
&
The Puzzle Kid

For kids age 8 and up

Clever Kids Word Search: U.S. Presidents

Copyright © 2020 by Scott Peters and The Puzzle Kid

All rights reserved.

Paperback ISBN: 978-1-951019-11-2

Limit of Liability/Disclaimer of Warranty: This publication is designed to provide accurate and authoritative information in regard to the subject matter covered. While the publisher and author have used their best efforts in preparing this book, they make no representations or warranties with respect to the accuracy or completeness of the contents of this book and specifically disclaim any implied warranties of fitness for a particular purpose.

Cover & book design by Susan Wyshynski

Illustrations: Kidaha from Pixabay, Antoniosantosg, Yusuf Demirci,

Best Day Books For Young Readers

# The Puzzles

| | | | |
|---|---|---|---|
| George Washington | 2 | William McKinley | 48 |
| John Adams | 4 | Theodore Roosevelt | 50 |
| Thomas Jefferson | 6 | William Howard Taft | 52 |
| James Madison | 8 | Woodrow Wilson | 54 |
| James Monroe | 10 | Warren Harding | 56 |
| John Quincy Adams | 12 | Calvin Coolidge | 58 |
| Andrew Jackson | 14 | Herbert Hoover | 60 |
| Martin Van Buren | 16 | Franklin d Roosevelt | 62 |
| William Henry Harrison | 18 | Harry s Truman | 64 |
| John Tyler | 20 | Dwight d Eisenhower | 66 |
| James k Polk | 22 | John f Kennedy | 68 |
| Zachary Taylor | 24 | Lyndon b Johnson | 70 |
| Millard Fillmore | 26 | Richard Nixon | 72 |
| Franklin Pierce | 28 | Gerald Ford | 74 |
| James Buchanan | 30 | Jimmy Carter | 76 |
| Abraham Lincoln | 32 | Ronald Reagan | 78 |
| Andrew Johnson | 34 | George Bush | 80 |
| Ulysses S Grant | 36 | Bill Clinton | 82 |
| Rutherford B Hayes | 38 | George W Bush | 84 |
| James Garfield | 40 | Barack Obama | 86 |
| Chester Arthur | 42 | Donald trump | 88 |
| Grover Cleveland | 44 | | |
| Benjamin Harrison | 46 | | |

## Introduction

Thank you for purchasing this word search book. Books that combine puzzles with facts offer hours of fun, improve vocabulary, and are an entertaining way to get to know a subject.

Each puzzle contains twelve words taken from its accompanying fact section. They're listed in columns beneath the word grid. You'll find these twelve words in unbroken lines within the grid itself. They can run horizontally, diagonally, or vertically,

To play, circle, highlight, or cross out each word and then cross it off the list below.

The answer key can be found at the back of the book, but if you get stuck we recommend you ask a friend, sibling, or parent for help before peeking. It's a lot more fun to bring others in on the action!

Some words might be unknown to young readers and provide an opportunity for discussion and learning. By explaining the word meanings, they provide an even more powerful tool for learning about this fascinating subject.

We wish you happy puzzle solving.

Scott Peters & The Puzzle Kid

## GEORGE WASHINGTON

**HOW HE'S REMEMBERED**
First President
"Father of His Country"
Face appears on the U.S. dollar bill and quarter

**QUOTE**
"Associate yourself with men of good quality if you esteem your own reputation; for 'tis better to be alone than in bad company."

**FIRST US PRESIDENT**

**PARTY UNAFFILIATED**

**NO. OF TERMS**
2

**BORN**
Feb 22, 1732
Westmoreland County, Virginia

**DIED**
Dec 14, 1799 Mount Vernon, Virginia after a brief illness

1789 to 1797

### STRANGE & FASCINATING FACTS

According to rumor, George Washington had wooden teeth. In actual fact, his dentures were made of animal teeth, lead, brass screws, gold wire, hippopotamus ivory, and even bone!

He had no middle name.

No one will ever outrank him in the military.

# THOMAS JEFFERSON

```
M O C K I N G B V E C Y N
T O M A D O U B L E D P F
M L J F B P U R C H A S E
L O U I S I A N A A G T M
G U C W L M A L B E M A R
O I J K E J E F F E R F P
A S W B I A B O O K S D I
L I L P H N T O M A T O R
T A F C I H G H X M G U A
W H R R T R S B E P F B T
H U I A X L A O I R G L E
P H E R J E F F E R S O N
T W H W D U B O O K D G A
```

| THIRD | DOUBLED | MOCKINGBIRD |
| JEFFERSON | GOAL | ALBEMARLE |
| LOUISIANA | WEATHER | TOMATO |
| PURCHASE | PIRATE | BOOKS |

**HOW HE'S REMEMBERED**

He helped create both the Constitution and the Bill of Rights.

**QUOTE**

"The circulation of confidence is better than the circulation of money."

## James Madison

**FOURTH US PRESIDENT**

**PARTY**

Democratic-Republican

**NO. OF TERMS**

2

**BORN**

Mar 16, 1751 at Port Conway, Virginia

**DIED**

Jun 28, 1836 Montpelier, Virginia of heart failure

*1809 to 1817*

### STRANGE & FASCINATING FACTS

He was 5' 4" tall and weighed only 100 pounds.

His last words were "I talk better lying down."

His wife, Dolley, saved a portrait of George Washington when the British set fire to the White House.

Madison and George Washington are the only presidents who signed the Constitution.

# JAMES MADISON (4th)

```
P D O L L E Y B X C F G P
S R K L C F I R P O I X W
F H O P O R T C O N W A Y
S D O O N M H O L S C P S
F H Q R S A M N X T O O J
G X O T E D A F P I N R S
F B M R A I D I O T F D I
O S R A T B I D R U C R G
U I S I U X S E T T D A N
R G L T T T O N C I E F E
T N W A R I N C O O N R B
H E F O U R S E N N I W L
T D B R I T I H W F Z A N
```

WAR   SHORT   MADISON
BRITISH   PORTRAIT   FOURTH
CONSTITUTION   DOLLEY   PORT CONWAY
SIGNED   FIRE   CONFIDENCE

## HOW HE'S REMEMBERED

He established American foreign policy that told European countries they could no longer try to colonize American land.

## QUOTE

"Our country may be likened to a new house. We lack many things, but we possess the most precious of all--liberty!"

### James Monroe

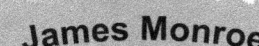

1817 to 1825

**FIFTH US PRESIDENT**

**PARTY**
Democratic-Republican

**NO. OF TERMS**
2

**BORN**
Apr 28, 1758
Westmoreland County, Virginia

**DIED**
Jul 4, 1831
New York, New York
of tuberculosis

## STRANGE & FASCINATING FACTS

He initially opposed the constitution.

He was shot in the shoulder at the battle of Trenton.

As a special envoy, Monroe rode a donkey from Paris, France to Madrid, Spain to try and convince Spain to give what's now Florida to the U.S.

He was the third president to die on the 4th of July, Independence Day.

# JAMES MONROE

5th

```
C O N S T I T U T I O N C
O W U H P X E R S O T B O
L P P O L I C Y E K S X L
O C A U F I F T H N H S O
N D F L O R I D A L T H N
I O O D O N K E Y X M O I
Z N R E M F I F T J O U N
E K E R F F E H M U N L J
E J I J M O L N Y L R D T
N V G U O O R O V Y O P R
V O N L N L R E R O E O E
O U S V R N A R I I Y L N
E C O N S T I N U T X I T
```

FLORIDA     COLONIZE     MONROE

TRENTON     CONSTITUTION     FIFTH

SHOULDER     ENVOY     FOREIGN

JULY     DONKEY     POLICY

**HOW HE'S REMEMBERED**

He was determined to build canals and roads to help connect a growing nation.

**QUOTE**

"If your actions inspire others to dream more, learn more, do more and become more, you are a leader."

# John Quincy Adams

**SIXTH US PRESIDENT**

**PARTY**

Democratic-Republican

**NO, OF TERMS**

1

**BORN**

Jul 11, 1767
Braintree, Massachusetts

**DIED**

Feb 23, 1848
Washington, D.C. of a stroke

1825 to 1829

## STRANGE & FASCINATING FACTS

He kept a pet alligator in the White House bathtub.

He skinny-dipped in the Potomac River and, while he was swimming buck naked, a female gossip columnist sat on his clothes. She wouldn't let him have them back until he agreed to an interview.

He became a lawyer without going to law school.

# JOHN QUINCY ADAMS

```
L A W Y E R D Z Z M R W E
B A T H C A O X A U A N C
P L R O A D S E T Q N L C
L E A D N K R X C O U I T
S V T W A D I X C O X I R
W N W D Y S S N J Y R E N
I Q T G R O W I N G D A Y
M U G S R X I M I A U L C
M I R I O J M F E M W L A
I N O X A K M L G T D I N
B C W T D B I D R E A G A
A Y I H C O N N E C T A L
T B A L L I G A T O R T S
```

QUINCY        ROADS        ALLIGATOR

SIXTH        DREAM        BATH

CANALS        LEADER        LAWYER

GROWING        SWIMMING        CONNECT

**HOW HE'S REMEMBERED**

He formed the Democratic Party, creating the two-party system that's still used today.

**QUOTE**

"Any man worth his salt will stick up for what he believes right, but it takes a slightly better man to acknowledge instantly and without reservation that he is in error."

## Andrew Jackson

1829 to 1837

**SEVENTH US PRESIDENT**

**PARTY**
Democrat

**NO. OF TERMS**
2

**BORN**
Mar 15, 1767
Waxhaws Region

**DIED**
Jun 8, 1845
Hermitage (Nashville), Tennessee of heart failure

### STRANGE & FASCINATING FACTS

He won the popular vote for president three times.

He killed a man who insulted his wife, Rachel. The two men dueled and Jackson won.

He often got into fights and was known for being violent.

When he was 13, he became a messenger for the local militia during the Revolutionary War.

# ANDREW JACKSON

```
D X T E N N E S S E E I H
E T W A X H A W S O L C L
M E O X W A X H O S A E Q
O N P O P U L A R R U F B
C N A I Y S B V M D J V J
R E R H D E M O C R A T A
J S T M Z V H T S A C C C
F S Y S T E M K M C K U K
I E S K Q N X O S H S S S
G D V Y N T I F B E O E G
H M U O S H B B G L N V U
T V O E T T W O P A R E X
D F I G H E P O P U L N X
```

VOTE      TWO PARTY      JACKSON

SYSTEM      DUEL      SEVENTH

TENNESSEE      FIGHT      WAXHAWS

RACHEL      POPULAR      DEMOCRAT

### HOW HE'S REMEMBERED
The Cherokee Indians were marched across country and many thousands died in what's known as the "Trail of Tears".

### QUOTE
"It is easier to do a job right than to explain why you didn't."

## Martin Van Buren

*1837 to 1841*

**EIGHTH US PRESIDENT**

**PARTY**
Democrat

**NO, OF TERMS**
1

**BORN**
Dec 5, 1782
Kinderhook, New York

**DIED**
Jul 24, 1862
Kinderhook, New York of asthma

### STRANGE & FASCINATING FACTS

Martin Van Buren invented the phrase OK. Born in Kinderhook, his nickname was Old Kinderhook. During his campaign rallies, his supporters shortened it to "OK."

His first language was Dutch.

He was the first president born as a US citizen. Previous presidents were British citizens.

## MARTIN VAN BUREN

```
K T D U T C R A D U T C H
F C E G X B A K S H Y M R
F H A A E O L I V K X A A
I E I E R R L N K I H R L
R R I O Q N I D C N Z C L
S O Z N K B E E E D Q H I
V K E G D E S R I E A E N
A E U E X I U H G R M D D
N E R T I B A O H H A B I
B I D L N G F F T O R O A
U T E A R S H Z H O C R N
R D V L U P U X S K H S S
C H E R O M F I R S T I C
```

| | | |
|---|---|---|
| VAN BUREN | CHEROKEE | DUTCH |
| EIGHTH | INDIANS | BORN |
| KINDERHOOK | MARCHED | RALLIES |
| TEARS | OK | FIRST |

**HOW HE'S REMEMBERED**

He developed the Harrison Land Act, which let people buy smaller plots of land. This meant more people could afford to own land.

**QUOTE**

"Times change, and we change with them."

## William Henry Harrison

**NINTH US PRESIDENT**

**PARTY**
Whig

**NO. OF TERMS**
1 partial

**BORN**
Feb 9, 1773
Charles City County, Virginia

**DIED**
Apr 4, 1841
Washington, D.C. of typhoid fever

1841

### STRANGE & FASCINATING FACTS

Harrison gave the longest inauguration speech to date, clocking in at an hour and a half (compared to the usual 30-60 minute speech). It was outside and the weather was horrible. He got sick afterward and died around a month later.

He was the first president to die in office.

His grandson became the 23rd United States President.

# WILLIAM HENRY HARRISON

9th

```
O I H S Z Q P E O P L E O
I N A U G U R A T I O N U
G A R N R W Q U T T C C T
R U R W A P K C A I G P S
A G I W N N I N T H M Q I
N U S L D O W N H O M E T
D R O O S J E P H S E J S
S A N N O C O N I D G T W
P T K G N E W R I G N H H
E W T E P O R S E I T O I
E H I S D A T U N N S Z N
C I M T H U R L O N G E G
H G E M O N T M R S P E E
```

INAUGURATION     DOWN HOME     HARRISON

GRANDSON     PEOPLE     NINTH

OUTSIDE     LONGEST     WHIG

TIMES     SPEECH     MONTH

**HOW HE'S REMEMBERED**
He was the first vice-president to take over as president when the elected president died in office

**QUOTE**
"I can never consent to being dictated to."

## John Tyler

**TENTH US PRESIDENT**

**PARTY**
Whig

**NO. OF TERMS**
1 partial

**BORN**
Mar 29, 1790
Charles City County, Virginia

**DIED**
Jan 18, 1862
Richmond, Virginia
of a stroke

1841 to 1845

### STRANGE & FASCINATING FACTS

Tyler was born 230 years ago in 1790 but still has two living grandchildren! As of 2020, the living grandkids are Lyon Gardiner Tyler Jr. and Harrison Ruffin Tyler, born in 1924 and 1928.

He was nicknamed "His Accidency" because his rivals said he was nominated by accident.

## JOHN TYLER — 10th

```
V A T Y L E R I P A R T I
I C G B G L V W T Y L E Y
C C R O R W I H T E R M J
E I A N A C C I D E N C Y
P D N R N H E R I V A X S
R E D I D A P C C T B B X
E N K V K R R H O E T T E
S W I A I L E A N N C E N
I T H L D E M R S T O N I
D E C I S S I L E H N T C
E R C Z G G D T N E S J K
N I C K N A M E T O E R N
T E J P A R T I A L D H A
```

RIVAL        VICE PRESIDENT    TYLER
PARTIAL      CONSENT           TENTH
CHARLES      GRANDKIDS         TERM
NICKNAME     ACCIDENCY         WHIG

## HOW HE'S REMEMBERED

Institutions begun during his office: The Smithsonian Museum and the U.S. Naval Academy. First postage stamps issued.

## QUOTE

"The gratitude should be commensurate with the boundless blessings which we enjoy."

### James K Polk

**ELEVENTH US PRESIDENT**

**PARTY**
Democrat

**NO, OF TERMS**
1

**BORN**
Nov 2, 1795
Mecklenburg County, North Carolina

**DIED**
Jun 15, 1849
Nashville, Tennessee
of cholera

1845 to 1849

## STRANGE & FASCINATING FACTS

He was the first president to have his photo taken while in office.

Polk and his wife were anti-fun. They banned all types of fun from the White House, including dancing and card playing.

He's the reason the United States stretches all the way from the East to the West Coast via the treaty of Guadalupe Hidalgo.

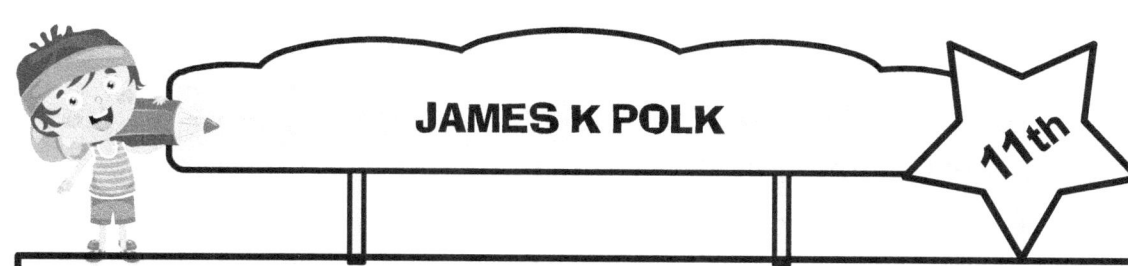

# JAMES K POLK — 11th

```
O V A C A D E M Y E I X C
M P O L K S T A M L T F N
T U B A N N E D W E I Z A
R D T D C D K N A V A L V
E S Q E F D K O P E P N A
A M S M I T H S O N I A N
T I D O E P T F S T K M L
Y T E C G L O L T H E U E
C H M R S A E L A C C S P
O S O A M T C V G X O E O
A O C T A G A A E T A U S
S N R B A N N M D N S M T
X F T R E A Y R P E T C A
```

COAST          NAVAL          POLK
POSTAGE        ACADEMY        ELEVENTH
STAMP          MUSEUM         DEMOCRAT
TREATY         BANNED         SMITHSONIAN

**HOW HE'S REMEMBERED**

Despite being a slaveholder, he set the stage for abolition.

**QUOTE**

"I have always done my duty. I am ready to die. My only regret is for the friends I leave behind me."

## Zachary Taylor

**TWELFTH US PRESIDENT**

**PARTY**
Whig

**NO, OF TERMS**
1 partial

**BORN**
Nov 24, 1784
Orange County, Virginia

**DIED**
Jul 9, 1850
Washington, D.C. of gastroenteritis

1849 to 1850

### STRANGE & FASCINATING FACTS

His nickname was Old Rough and Ready.

He died from eating a bad batch of buttermilk and cherries. Some say he was poisoned!

600 Indians set fire to Taylor's camp during the War of 1812. Taylor and 15 men leaped into action and doused the blaze before the flames trapped them.

## ZACHARY TAYLOR

```
Z R T R R E A D Y I F I R
A Z W S L A V E H O L I Z
C A H E I S C F R E A D R
H C I C U L W T I I F M O
A H G Q H A H W I R V F L
R L Q G M V I P K O E L E
Y W U T W E L F T H N A A
W O K F G H Z I N D I A P
R L E A B O L I T I O N T
X R O U G L R Z Q N A U C
I L X I N D I A N S D N E
U D U T Y E R W T W E L F
C A C T I R A B O L I T I
```

| | | |
|---|---|---|
| ROUGH | ABOLITION | ZACHARY |
| READY | FIRE | TWELFTH |
| DUTY | ACTION | WHIG |
| INDIANS | LEAP | SLAVEHOLDER |

24

### HOW HE'S REMEMBERED

He expanded U.S. trade into countries in the Far East, and stopped France from taking over the Hawaiian Islands.

### QUOTE

"An honorable defeat is better than a dishonorable victory."

## Millard Fillmore

**13ᵀᴴ US PRESIDENT**

**PARTY**
Whig

**NO. OF TERMS**
1 partial

**BORN**
Jan 7, 1800
Cayuga County, New York

**DIED**
Mar 8, 1874
Buffalo, New York
of a stroke

1850 to 1853

### STRANGE & FASCINATING FACTS

Fillmore had no vice president!

He served without one because he rose from vice president when President Taylor died in office. There were no rules yet about how to handle this difficulty. In fact, that didn't happen until 1967.

He fell in love with his teacher and married her.

During the civil war, he opposed Abraham Lincoln.

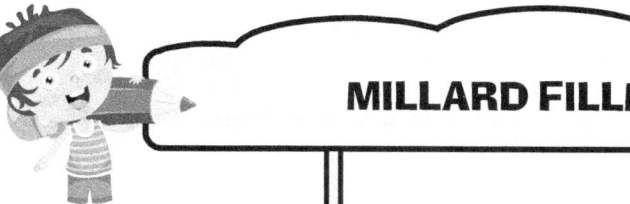
# MILLARD FILLMORE

```
W T F A R E A S T B L Z T
A H H O N O R A B M O R H
K I F I L L M O P I V K I
E R M X R L O V E L F F R
Y T R A D E P K T L X I T
T E Z W H O N O R A B L E
U E Y H W E R E D R V L E
C N A I X X U X F D J M N
C A M C G P L P R A R O T
B A Y I H A E A W U R R H
N C Y U L E S N C H L E K
P N K U G L R D J S I E A
T E A C H A A T R A D G V
```

RULES           WHIG           FILLMORE
TEACHER         TRADE          MILLARD
HONORABLE       EXPAND         THIRTEENTH
LOVE            FAR EAST       CAYUGA

### HOW HE'S REMEMBERED

A murky legacy, he openly advocated for pro-slavery states in the 1850s.

### QUOTE

"While men inhabiting different parts of this vast continent cannot be expected to hold the same opinions, they can unite in a common objective and sustain common principles."

## Franklin Pierce

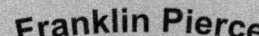

1853 to 1857

**14TH US PRESIDENT**

**PARTY**
Democrat

**NO. OF TERMS**
1

**BORN**
Nov 23, 1804
Hillsborough, New Hampshire

**DIED**
Oct 8, 1869
Concord, New Hampshire of stomach inflammation

### STRANGE & FASCINATING FACTS

He perfected the comb-over hairstyle.

Police arrested him for running a woman over with his horse but they didn't have enough evidence to send him to jail.

He was the first president to hire a bodyguard (he was unpopular).

He was friends with the writers Nathaniel Hawthorne and Henry Wadsworth Longfellow.

# FRANKLIN PIERCE — 14th

```
H P I E R X F D F D U W J
U N P O P U L A R E U W A
Q C O M M O N D A M E P R
F R A N K L R A N O P O P
E G U A R A S R K C O C I
V M G H U V D R L R P O E
I S O G O H A E I T U N R
D E M O C R A T N I L C C
E F D H O R S I C W C O E
N E V I D E N E X O G R O
C O M B O V E R C K N D G
E C O M M A R R E S T C W
F C O M B O V H A I R O O
```

| | | |
|---|---|---|
| COMMON | GUARD | PIERCE |
| FRANKLIN | UNPOPULAR | COMB OVER |
| CONCORD | ARREST | HAIR |
| DEMOCRAT | HORSE | EVIDENCE |

### HOW HE'S REMEMBERED

He refused to support abolition of slavery.

He presided over the beginnings of the Civil War.

### QUOTE

"The test of leadership is not to put greatness into humanity, but to elicit it, for the greatness is already there."

## James Buchanan

1857 to 1861

**15TH US PRESIDENT**

**PARTY**
Democrat

**NO. OF TERMS**
1

**BORN**
Apr 23, 1791 near Cove Gap, Pennsylvania

**DIED**
Jun 1, 1868 Lancaster, Pennsylvania of respiratory failure

### STRANGE & FASCINATING FACTS

Buchanan's childhood home was turned into a hotel called the James Buchanan Hotel.

People often called him 'doughface' because he was from the north but favored southern opinions.

He was the only president who never married.

## JAMES BUCHANAN

```
O Y N I E H A B O L I T I
V H R T L F B G C E Z B K
E P O L A L R E A D Y P N
A H U M L B U C H A N A N
N F P I T W O U O F B F I
C J U H Z A P L F I G J O
J I H B O R O D I F H A J
A A V O U T W G F T M M V
M P Q I M C E A T E I E T
E R B A L E H L E C R O G
S I L H F M N A E D I I N
Y L A L R E A F N E X V N
I L O V E R F U L D V N I
```

| OVER | CIVIL | JAMES |
| ALREADY | WAR | BUCHANAN |
| APRIL | HOTEL | FIFTEEN |
| HOME | ABOLITION | FULL |

## HOW HE'S REMEMBERED

He freed the slaves and set the United States on a path toward becoming free and equal.

## QUOTE

"I don't like that man. I must get to know him better."

# Abraham Lincoln

**16TH US PRESIDENT**

**PARTY**
Republican

**NO. OF TERMS**
1 full + 1 partial

**BORN**
Feb 12, 1809
LaRue County, Kentucky

**DIED**
Apr 15, 1865
Washington, D.C. of a gunshot wound

1861 to 1865

## STRANGE & FASCINATING FACTS

He wanted women to have the vote in 1836.

He won every wrestling match he fought except one.

He established Thanksgiving as a national holiday.

He dreamed he'd be assassinated the night before it happened.

He liked to tell jokes.

## ABRAHAM LINCOLN

```
L N J L I N C O O D R E A
A K F L B K S L A R U E K
R E Q U A L I W M L E F E
U N R H E R X D W I G S N
V T M S I X T E E N W G T
W U A L A W E A S C A C U
D C T L K B F S D O I R C
R K C O P S R Z W L D H O
E Y J M B H E A C N A B E
A J I M A O E J H R F E Q
M S O P B T D C B A R A U
O W H K Q R C A N F M P A
H E R O E T U H P Y W R Z
```

ABRAHAM        EQUAL          SHOT
SIXTEEN        DREAM          KENTUCKY
LARUE          LINCOLN        MATCH
FREED          JOKE           HERO

**HOW HE'S REMEMBERED**

He took over after Lincoln was assassinated.

He was the first president to be impeached.

**QUOTE**

"If you always support the correct principles then you will never get the wrong results!"

## Andrew Johnson

**17TH US PRESIDENT**

**PARTY**
Union

**NO, OF TERMS**
1 partial

**BORN**
Dec 29, 1808 Raleigh, North Carolina

**DIED**
Jul 31, 1875 near Elizabethton, Tennessee of a stroke

1865 to 1869

### STRANGE & FASCINATING FACTS

Growing up, he never went to school and was an indentured servant for two years.

He learned to sew and as president, he sewed all of his own suits.

He took care of a family of mice.

He once suggested that God had Lincoln killed so he could become president.

# ANDREW JOHNSON

```
S Z S A A N D R E W T A A
E S L E N Q F T F W N E R
R E G I W D F I J I P Z T
V R U N T N R A R M R I E
A V N Y P S H T I S U S Q
N A I M P E A C H S T R X
T M O F S V U K A J S A P
N I R A L E I G H O C M A
V C J O H N S O N H H I U
F E H C X T O D W N O C N
Q C S E V E N T E S O J I
S W R A L E I K Q P L D O
K S U I X N K G V Q B C N
```

| | | |
|---|---|---|
| SUIT | FIRST | JOHNSON |
| MICE | IMPEACH | SEVENTEEN |
| SCHOOL | ANDREW | RALEIGH |
| SERVANT | SEW | UNION |

### HOW HE'S REMEMBERED

He championed the rights of freed slaves, giving black men the right to vote.

### QUOTE

"In every battle there comes a time when both sides consider themselves beaten, then he who continues the attack wins."

## Ulysses S. Grant

**18TH US PRESIDENT**

**PARTY**
Republican

**NO. OF TERMS**
2

**BORN**
Apr 27, 1822
Point Pleasant, Ohio

**DIED**
July 23, 1885
Wilton, New York of throat cancer

*1869 to 1877*

### STRANGE & FASCINATING FACTS

He hated wearing army uniforms.

At his inaugural ball, a bunch of canary birds were brought in to brighten up the party, but they froze to death.

He was supposed to be at the theater with Lincoln on the night of his assassination.

The letter S in his name didn't stand for anything.

# ULYSSES S GRANT

```
R Y O E N F R O Z E N X U
I G G B C H A M P I O N P
S R C H A M P I V G X B O
G A M E N L Y E I H U K R
S N T O A A F I G T A R M
X O W J R G R G X E T F T
V T W Y Y G E H A E W W Y
S E F R F W E T R N I I J
N Z W R I R D E M Y C Y N
D P Y I E G O P Y G A T I
E B A L L E H Z W D N Z R
C R I G H P Z T N X A L B
T O G R A N T A S V O T O
```

BALL   RIGHTS   GRANT

CANARY   VOTE   EIGHTEEN

FROZEN   CHAMPION   TWO

ARMY   WIN   FREED

### HOW HE'S REMEMBERED
He lost the popular vote, but won after a famous fight between the two parties.

### QUOTE
"Every expert was once a beginner."

## Rutherford B Hayes

1877 to 1881

**19TH US PRESIDENT**

**PARTY**
Republican

**NO, OF TERMS**
1

**BORN**
Oct 4, 1822
Delaware, Ohio

**DIED**
Jan 17, 1893
Fremont, Ohio of heart disease

### STRANGE & FASCINATING FACTS

He held the first Easter egg roll on the White House lawn.

He said he'd only serve one presidential term and he kept that promise.

He never served alcohol in the White House. His wife served lemonade instead, so people called her Lemonade Lucy.

# RUTHERFORD B HAYES — 19th

```
L O B S K L V O T E Z H Y
U S L A W N R X P O P U L
B E F P A R T I E S L Z Y
N G F R Q S B I J X A X V
U G P O P U L A R H W E P
R O L M X N I N E T E S R
P E N I N E T E E N E C O
E A G S V L E T Y Y O H M
L A R E N S X D A C H A I
E J S T G C P H H R I Y A
I X S T I D E V G V O E R
H A P H E W R K A K O L S
E X O E Y R T L B P V T L
```

HAYES        VOTE       EGG
NINETEEN     PARTIES    ROLL
OHIO         EXPERT     LAWN
POPULAR      EASTER     PROMISE

### HOW HE'S REMEMBERED
He was assassinated after just a few months in office. Invented the first air conditioner.

### QUOTE
"Right reason is stronger than force."

## James Garfield

**20ᵀᴴ US PRESIDENT**

**PARTY**
Republican

**NO, OF TERMS**
1 partial

**BORN**
Nov 19, 1831
Cuyahoga County, Ohio

**DIED**
Sept 19, 1881
Elberon, New Jersey of a gunshot wound

1881

### STRANGE & FASCINATING FACTS

He was known as the 'preacher president' because he had a strong, powerful voice.

Garfield could write in two different languages at one time.

He loved adventure novels and originally wanted to become a sailor on the open seas.

## JAMES GARFIELD

```
W S T R A Y F S A R Y O J
O E P T I J G O H I K M R
U A I N R E E L R O F E E
N R L M I T R I M C T R A
W J K F I O N J A M E E S
Q Z R R F S A I L O R A O
I A W W O U N D T U J D N
G T O J S A I L T O A V V
T S E A S W O N S O M E L
S W Y A T W E N T Y E N Y
L H E T T V U Y E X S T A
Y R O N D G T Y J Z M U D
G G G A R F I E L D Z M A
```

WOUND  AIR  ADVENTURE
GARFIELD  REASON  SAILOR
TWENTY  FORCE  SEAS
SHOT  WRITE  JAMES

### HOW HE'S REMEMBERED

A champion of civil rights, he improved conditions for African Americans and Native Americans.

### QUOTE

"Be fit for more than the thing you are now doing. Let everyone know that you have a reserve in yourself; that you have more power than you are now using."

## Chester Arthur

**21ST US PRESIDENT**

**PARTY**
Republican

**NO, OF TERMS**
1 partial

**BORN**
Oct 5, 1829
Fairfield,
Vermont

**DIED**
Nov 18, 1886
New York, NY
of a stroke

1881 to 1885

### STRANGE & FASCINATING FACTS

Arthur sold a ton of presidential artifacts, including a pair of Lincoln's pants, so that he could pay to redecorate the White House.

Speaking of pants, Arthur loved them and owned over 80 pairs.

Some say he was born in Ireland or Canada, not the US.

# CHESTER ARTHUR — 21st

```
P Q R A R C H A M P I O N
A J I R Z H P R P A I R G
I A G T W E N T Y O N E O
R R H F J S B I Z R I M E
S T B F L T A F V D R W T
N H V A N E R A Z E O N T
T A E C K R T C V P O I W
K O T F I T H T T M E R E
L B L I K C U S R A E P N
S Q I Q V H R E N W O A T
F I A Y V E V M O C G N Y
R I G H T S L P S C K T O
X X P A N T S C H A M P I
```

| | | |
|---|---|---|
| CHESTER | RIGHTS | POWER |
| TWENTY-ONE | CHAMPION | PANTS |
| VERMONT | NATIVE | PAIRS |
| ARTHUR | FIT | ARTIFACTS |

42

**HOW HE'S REMEMBERED**

He was the only president to serve two terms that were NOT back-to-back.

**QUOTE**

"It is better to be defeated standing for a high principle than to run by committing subterfuge."

# Grover Cleveland

1885 - 1889 & 1893 - 1897

**22ND & 24TH US PRESIDENT**

**PARTY**
Democrat

**NO. OF TERMS**
2

**BORN**
Mar 18, 1837
Caldwell, New Jersey

**DIED**
Jun 24, 1908
Princeton, New Jersey of a heart attack

## STRANGE & FASCINATING FACTS

He was the first president to be filmed.

He's the only president to be married at the White House. He married his adopted daughter when she was 21 and he was 48. She was the youngest first lady.

The Baby Ruth chocolate bar was named after his daughter, Ruth--not the baseball player, Babe Ruth.

# GROVER CLEVELAND

**22nd** **24th**

```
T X V X C V C H O C O L A
W X F W L V A I Z H B Z F
E D T W E N T Y F O U R I
N A W H V G R O V C X D L
T U E C E B P D T O G A M
Y G N V L M B A R L D U E
F H T M A E A B A A F G D
O T Y A N O V R U T I H O
D E T R D W N E R E L T N
I R W R T U O L L I M U L
E W O I D W N V Y A E N Q
T W E N T Y T E R M X D E
I G R O V E R R T E R M S
```

| | | |
|---|---|---|
| ONLY | CLEVELAND | TWENTY-FOUR |
| TERMS | FILMED | DAUGHTER |
| GROVER | TWENTY-TWO | BAR |
| TWO | MARRIED | CHOCOLATE |

**HOW HE'S REMEMBERED**

He signed the Sherman Ant-Trust Act, which protects consumers from monopolies and cartels.

**QUOTE**

"Great lives never go out; they go on."

## Benjamin Harrison

**23RD US PRESIDENT**

**PARTY**
Republican

**NO, OF TERMS**
1

**BORN**
Aug 20, 1833
North Bend, Ohio

**DIED**
Mar 13, 1901
Indianapolis, Indiana of pneumonia

1889 to 1893

### STRANGE & FASCINATING FACTS

Harrison refused to touch light switches because he was terrified he'd get electrocuted.

However, he was the first president to have electricity in the White House!

His personality was so stiff, people called him the 'human iceberg'.

He was the first president whose voice was recorded.

# BENJAMIN HARRISON

```
J G G T I C E B E N J A M
S O I W T S T I F A A O P
Y S C E K R H B E Z V W R
T U E N S O U R S H E R M
W O B T O H G O S F V C X
E A E Y T B E N J A M I N
N C R T U C A R T E L G Y
T A G H V G S S M D T X S
Y R W R W O R W G A Q O W
T T Z E G L I E I C N H I
H K Q E V O I C A T C I T
Z D S T I F F G E T C O C
S L L I G H T R H A T E H
```

| | | |
|---|---|---|
| OHIO | BENJAMIN | SWITCH |
| SHERMAN | TWENTY-THREE | STIFF |
| ACT | GREAT | ICEBERG |
| CARTELS | LIGHT | VOICE |

46

### HOW HE'S REMEMBERED

An imperialist, he brought the following territories under American control:

Hawaii, Puerto Rico, Guam, and the Philippines

### QUOTE

"In the time of darkest defeat, victory may be nearest."

## William McKinley

**25TH US PRESIDENT**

**PARTY**
Republican

**NO. OF TERMS**
1 full + 1 partial

**BORN**
Jan 29, 1843
Niles, Ohio

**DIED**
Sept 14, 1901
Buffalo, New York of gangrene from a gunshot wound

*1897 to 1901*

### STRANGE & FASCINATING FACTS

He had a parrot named "Washington Post."

McKinley removed his good luck charm, a red carnation, to give it to a little girl. He was shot shortly afterward.

He was the first president to ride in an automobile.

His face is on the $500 bill.

# WILLIAM MCKINLEY

```
Y F A C E X E L G U N S H
T U A N Q K L C A L O R K
G W I L L I A M H Q R C C
U P E A B M M Q W A U R U
N G A N G R E N E L R S P
S W G G T C Q B I L S M A
H I U U G Y G A N G R E R
O L A A P N F N P A R R R
T L U M M C K I N L E Y O
H I K C H W K P V R A Q T
A T W E N T Y F I E Y F K
W F N H A W A I I C H A R
A Q P M C K I N L X R C B
```

| | | |
|---|---|---|
| MCKINLEY | GANGRENE | TWENTY-FIVE |
| FACE | HAWAII | PARROT |
| BILL | WILLIAM | CHARM |
| GUNSHOT | GUAM | LUCK |

**HOW HE'S REMEMBERED**

The youngest president at 42, his charisma made the office popular once again.

**QUOTE**

"If you could kick the person in the pants responsible for most of your trouble, you wouldn't sit for a month."

## Theodore Roosevelt

1901 to 1909

**26TH US PRESIDENT**

**PARTY**
Republican

**NO, OF TERMS**
1 partial & 1 full

**BORN**
Oct 27, 1858
New York, New York

**DIED**
Jan 6, 1919
Oyster Bay, New York of a heart attack

### STRANGE & FASCINATING FACTS

Every member of his family owned stilts--even the First Lady!

He was the first president to win a Nobel Peace Prize.

He was an avid boxer, but after a boxing fight in the White House blinded him in one eye, he switched to jiu-jitsu instead.

He was the father of the U.S. Navy.

# THEODORE ROOSEVELT

**26th**

```
Y T W E N T Y S J N A V Y
M W Y P O P U L A R N G E
S X O U P E A C E O A C F
T H U N O B E J X O V B B
I P N T W E N T Y S I X G
L U G X B Y P S O E U R P
S R E C O A R R U V B O R
T T A L X S I L N E L O I
N E I I E W Z B G L I S Z
P O D L R C B L E T N E E
C X B D T R O I S J D V M
X Y L E T S X N T B E E Z
P O P U L T E D D Y D J L
```

| | | |
|---|---|---|
| TEDDY | BOXER | POPULAR |
| TWENTY-SIX | BLINDED | PEACE |
| STILTS | YOUNGEST | NAVY |
| NOBEL | ROOSEVELT | PRIZE |

50

### HOW HE'S REMEMBERED

He was the only president to also serve as Chief Justice of the Supreme Court, which he did 8 years after the end of his term

### QUOTE

"We must dare to be great; and we must realize that greatness is the fruit of toil and sacrifice and high courage."

## William Howard Taft

**27TH US PRESIDENT**

**PARTY**
Republican

**NO, OF TERMS**
1

**BORN**
Sept 15, 1857
Cincinnati, Ohio

**DIED**
Mar 8, 1930
Washington, D.C. of heart disease

1909 to 1913

### STRANGE & FASCINATING FACTS

Taft was a very large man, and according to rumor he once got stuck the White House bath tub!

After his time in office, he lost 80 pounds.

Once during a parade in his honor, he fell asleep.

He was a wrestling champion.

# WILLIAM HOWARD TAFT

```
O C O U R A D W C H A M P
J B T G T F W I L L I U W
B J W R E S T L I N G J R
A P E C L I B L D R C U E
T A N O H O T I V C H S S
H R T U S I V A C A A T T
T A Y R U T E M F H M I L
C D S U P R E M E T I C I
O E E E R D A T A F Z E K
U M V J E C O U R A G E F
R A E F U H S X J U S T I
T R N V B A T H T U B W I
H A R T W E N T Y S E F M
```

| | | |
|---|---|---|
| BATH TUB | CHIEF | PARADE |
| TAFT | JUSTICE | WRESTLING |
| TWENTY-SEVEN | COURT | CHAMP |
| WILLIAM | COURAGE | SUPREME |

### HOW HE'S REMEMBERED
He brought the U.S. into World War I, after campaigning on the promise that he'd keep the U.S. out of it.

### QUOTE
"The object of love is to serve, not to win."

## Woodrow Wilson

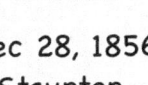

**28ᵀᴴ US PRESIDENT**

**PARTY**
Democrat

**NO. OF TERMS**
2

**BORN**
Dec 28, 1856
Staunton, Virginia

**DIED**
Feb 3, 1924
Washington, D.C. of a stroke

1913 to 1921

### STRANGE & FASCINATING FACTS

As a child, he struggled with dyslexia in school, but he worked hard and became an excellent student.

Wilson painted his golf balls black during the winter so that he could find them in the snow.

He's the only president buried in Washington, D.C.

His face is on the $100,000 bill.

# WOODROW WILSON

28th

```
W O R L D W T X R F D D V
S E W O O D R S E R V E K
T X P A I N T E D H V R Z
W O R L D W A R I J E J C
E M O J W K P E M T C W W
N B M X W I Y A N D O T O
T L I O I T L I N X B O
Y A S U N G W S S N H L D
E C E E T P O M O G T A R
I K W W G R S L L N H C O
G T U I L O D E L O V E W
H L R L N M L E R U V H F
T G M S J I R F V V B H H
```

WORLD WAR     WOODROW        WINTER
PROMISE       GOLF           SNOW
LOVE          WILSON         PAINTED
SERVE         TWENTY-EIGHT   BLACK

**HOW HE'S REMEMBERED**

He signed the peace treaty that ended U.S. involvement in World War I.

**QUOTE**

"There's good in everybody. Boost. Don't knock."

## Warren Harding

1921 to 1923

**29TH US PRESIDENT**

**PARTY**
Republican

**NO, OF TERMS**
1 partial

**BORN**
Nov 2, 1865
Morrow County, Ohio

**DIED**
Aug 2, 1923
San Francisco, California of congestive heart failure

### STRANGE & FASCINATING FACTS

Harding was the first president to talk on the radio.

He had huge feet--size 19--the largest in presidential history.

He was a newspaper reporter before becoming president.

As a kid, his nickname was Winnie.

# WARREN HARDING — 29th

```
W R H Z P K D R A D I O Z
H I O U W A R R B O O S N
G U N V G W A R R E N R V
N L G N D E Q E F E E T T
T Q L F I Y T P R S W S G
W T M E Q E R U Z S O W I
E R P E A C E B W O L D Z
N E B R G P A L B I R V T
T A C A W E V I O A N V P
Y T X D W A A C H O A N M
N Y G I I C H A R D I N G
I T W E N T Y N I N E A V
G C H U R E P U B L I C Q
```

WINNIE     HARDING     BOOST

PEACE     TWENTY-NINE     RADIO

TREATY     WARREN     HUGE

WWI     REPUBLICAN     FEET

## HOW HE'S REMEMBERED

He signed the Indian Citizenship Act, giving full citizenship to all Native Americans.

## QUOTE

"If you see ten troubles coming down the road, you can be sure that nine will run into the ditch before they reach you."

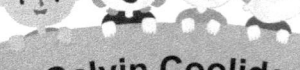

### Calvin Coolidge

1923 to 1929

**30ᵀᴴ US PRESIDENT**

**PARTY**
Republican

**NO. OF TERMS**
1 partial + 1 full

**BORN**
Jul 4, 1872
Plymouth, Vermont

**DIED**
Jan 5, 1933
Northampton, Massachusetts
of a heart attack

## STRANGE & FASCINATING FACTS

He is the only president born on the 4ᵗʰ of July.

His own father swore him into office in the middle of the night when President Harding died unexpectedly.

He had two pet raccoons named Reuben and Rebecca.

According to rumor, he liked having his scalp massaged with petroleum jelly while he ate breakfast in bed.

# CALVIN COOLIDGE

```
F X Y D C O O L I D I N B
P C C M Y P I N D I A N R
A A K W V C Q I N D I C E
Q L B R E A K F A S T A A
F V B Z R A C C O O N L K
P E T C M A S S A G E V F
P C F O O M Q W I B Z I A
A T R O N F A I S B A N C
V H A L T M O S T C S C N
E I C I P E L U H H A D W
R R C D N F O U R A I L C
M T O G O U J Y L T O R P
O Y U E Z F S C A L H X Y
```

BREAKFAST        THIRTY         CALVIN
VERMONT          RACCOON        INDIAN
PET              SCALP          ACT
FOURTH           MASSAGE        COOLIDGE

## HOW HE'S REMEMBERED

He paved the way for airplane safety via the Federal Aviation Administration.

He presided over the Great Depression, for which he took much blame.

## QUOTE

"Be patient and calm; no one can catch a fish with anger."

### Herbert Hoover

**31ST US PRESIDENT**

**PARTY**
Republican

**NO. OF TERMS**
1

**BORN**
Aug 10, 1874
West Branch, Iowa

**DIED**
Oct 20, 1964
New York, New York
of internal bleeding

1929 to 1933

## STRANGE & FASCINATING FACTS

He was orphaned when he was 9.

Hoover and his wife had a unique way to stop people from eavesdropping on their conversations: they spoke Mandarin.

He once pushed ore carts at a gold mine in California.

He took part in the first long-distance TV broadcast.

# HERBERT HOOVER

```
T H L P A V I A T I O N H
H O K T O S A F E T Y S K
I O I O Y S N D L O I U S
R V H O E B E E E F R X L
T E I N W Y H P V B T P C
Y R A S T A E R I R H B H
O L I D E P R E S S I O N
P F A X L O B S I B R P Z
G H V B E R E S O A T L C
B E I L V P R I N F Y A T
L R A A I H T B G E O N Y
A B T M S A I O W I N A O
M E I E I N Q G S W E V T
```

TELEVISION    AVIATION    HOOVER

FISH          DEPRESSION  IOWA

HERBERT       BLAME       THIRTY-ONE

SAFETY        ORPHAN      PLANES

## HOW HE'S REMEMBERED

He led America out of the Great Depression, brought us into World War II, and worked to bring peace to the U.S.

## QUOTE

"Men are not prisoners of fate, but only prisoners of their own minds."

Franklin D. Roosevelt

1933 to 1945

**32ND US PRESIDENT**

**PARTY**
Democrat

**NO, OF TERMS**
3 full + 1 partial

**BORN**
Jan 30, 1882
Hyde Park, New York

**DIED**
Apr 12, 1945
Warm Springs, Georgia of a stroke

## STRANGE & FASCINATING FACTS

He was the first president to fly in a plane.

He was a distant relative of both his wife and 10 other presidents.

He loved stamp collecting.

America's longest-serving president, he served 3 full terms.

He was handicapped but took great pains to hide it.

# FRANKLIN D ROOSEVELT
 32nd

```
W F Y W N W A P T F I R S
O I C A M O F R A N K L E
R R D E P R E S S I O N D
L S F L W L P L A N A F I
D T O L Q D L V L L L O S
W D U R I W M F P Z W U T
A E R C T A C O L L E R A
R P T S F R A N K L I N N
B R H T H I R T Y T W O T
J E G O V I T H I R T Y T
F S K F A T E S T A M F K
L S T A M P E D I S T A W
Y I J N C O L L E C T T E
```

WORLD WAR II     DISTANT     PLANE

FRANKLIN     STAMP     FIRST

THIRTY-TWO     COLLECT     DEPRESSION

FATE     FLY     FOURTH

**HOW HE'S REMEMBERED**

He brought peace and prosperity to the U.S. after World War II. Presided over the beginning of the Cold War.

**QUOTE**

"It is amazing what you can accomplish if you do not care who gets the credit."

## Harry S. Truman

**33RD US PRESIDENT**

**PARTY**
Democrat

**NO. OF TERMS**
1 partial + 1 full

**BORN**
May 8, 1884
Lamar, Missouri

**DIED**
Dec 26, 1972
Kansas City, Missouri of heart disease

1945 to 1953

### STRANGE & FASCINATING FACTS

He's the only 20th century president who didn't go to college.

The S in his name doesn't stand for anything.

He married his childhood friend, Elizabeth or 'Bess'.

He once owned a failing clothing store.

## HARRY S TRUMAN

 33rd

```
W C Y A T H A R R B E S M
B F V C H Z T F R I E N D
E M G L I P R O S P E R I
S I T O R C O L L E G E C
S S R T T F C C R V O P L
G S U H Y S R H R C S C O
X O M E T Q T I K E R Y T
H U A S H Y X O E W D E H
A B N N T S T O R E P I D
R P P R O S P E R I T Y T
R M I S S O U R I T R U M
Y H C O L L E J C O L D W
T V Z Q C O L D W A R B Z
```

STORE         PROSPERITY         COLLEGE

HARRY         COLD WAR         FRIEND

CLOTHES         TRUMAN         BESS

THIRTY-THREE         CREDIT         MISSOURI

**HOW HE'S REMEMBERED**

He brought the beginning of the interstate highway system, and he ended segregation in schools.

**QUOTE**

"Pessimism never won any battle."

## Dwight D. Eisenhower

**34ᵀᴴ US PRESIDENT**

**PARTY**
Republican

**NO. OF TERMS**
2

**BORN**
Oct 14, 1890
Denison, Texas

**DIED**
Mar 28, 1969
Washington, D.C. of heart failure

1953 to 1961

### STRANGE & FASCINATING FACTS

He was the first president to ride in a helicopter.

He got rid of the White House lawn squirrels by having them trapped and released in a nearby park.

He and his brothers all had the nickname "Ike".

He planned the invasion of Normandy, known as D-Day.

## DWIGHT D EISENHOWER

```
R W T I N T E R S W A P L
C I S C H O H D W I G H T
L H D I N T E R S T A T E
K E R E E H L V L A W A I
R L P U I I I H D Q I H S
T I A S Y R C I W G N I E
H C R Q E T O G I S S G N
I O K U N Y P H G C Q H H
R P B I H F T W X H U W O
T T I R O O E X D O I A W
Y P K R W U R I I O R Y E
F A E E T R R Z K L R J R
O R H L A T O L A W N O D
```

HELICOPTER  SCHOOL  DWIGHT
PARK  RIDE  THIRTY-FOUR
IKE  SQUIRREL  INTERSTATE
LAWN  EISENHOWER  HIGHWAY

### HOW HE'S REMEMBERED

He won office via the first televised presidential debates.

He presided over the Vietnam War and the Civil Rights Movement.

### QUOTE

"Efforts and courage are not enough without purpose and direction."

## John F. Kennedy

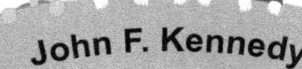

**35TH US PRESIDENT**

**PARTY**
Democrat

**NO, OF TERMS**
1 partial

**BORN**
May 29, 1917
Brookline, Massachusetts

**DIED**
Nov 22, 1963
Dallas, Texas
of a gunshot wound

1961 to 1963

### STRANGE & FASCINATING FACTS

His dad gave him $1 million on his 21st birthday.

Despite a bad recommendation letter claiming Kennedy lacked application and was careless, he still got into Harvard.

He was assassinated in office: he was shot while riding in a convertible.

He was obsessed with his weight and traveled with a bathroom scale.

## JOHN F KENNEDY — 35th

```
D E B A T E H A R V A R D
J V I E T N V I E T N A M
N O T E L E V I S E D R S
D S H H T H I R T Y F I C
R U Z N I S C A L Y L G A
I P F R S R W L D G S H L
G U N S H O T E W I X T E
H R C W U P N Y V E E S D
B P Q H E N U E F N I O H
N O D A E I L R N I T G A
P S B K Q E G E P J V T R
F E R D T B K H E O O E V
D K Q G U N S H T F P H A
```

DEBATE          KENNEDY         PURPOSE

TELEVISED       THIRTY-FIVE     SCALE

GUNSHOT         VIETNAM         WEIGHT

JOHN            RIGHTS          HARVARD

## HOW HE'S REMEMBERED

He championed civil rights by signing the Civil Rights Act of 1964, and the Voting Rights Act.

He nominated the first black Supreme Court Justice.

## QUOTE

"Yesterday is not ours to recover, but tomorrow is ours to win or lose."

## Lyndon B. Johnson

1963 to 1969

**36TH US PRESIDENT**

**PARTY**
Democrat

**NO, OF TERMS**
1 partial + 1 full

**BORN**
Aug 27, 1908
Gillespie County, Texas

**DIED**
Jan 22, 1973
near Stonewall, Gillespie County, Texas of heart disease

## STRANGE & FASCINATING FACTS

He once had a job as a school janitor.

He avoided dying in a plane crash because he stopped for a bathroom break at the airport and missed the flight.

He once coached a boy's baseball team.

His wife was nicknamed Lady Bird.

## LYNDON B JOHNSON

```
Z T E X A C I V I L R I G
C I V I L R I G H T S L F
B B C O A C V O Q H A A I
M A V A O L E V Q I D C R
C S S O C U X V C R A S A
O E T E T T J U S T I C E
A B H J B I A I T Y G Z K
C A I F U A N D E S H B N
H L R I M S I G X I P O V
L L T R U G T I A X D P O
J A Y S P D O I S N D N T
I W S T P B R L Y N D R I
N E J A N I T L C R A S H
```

| BASEBALL | LYNDON | JUSTICE |
| CRASH | THIRTY-SIX | FIRST |
| JANITOR | CIVIL RIGHTS | TEXAS |
| COACH | ACT | VOTING |

### HOW HE'S REMEMBERED

"Tricky Dick" was often remembered for his crimes but did do some good. He established the Environmental Protection Agency and presided over the moon landing.

### QUOTE

"Remember, always give your best. Never get discouraged. Never be petty."

## Richard Nixon

1969 to 1974

**37TH US PRESIDENT**

**PARTY**
Republican

**NO, OF TERMS**
1 full + 1 partial

**BORN**
Jan 9, 1913
Yorba Linda, California

**DIED**
Apr 22, 1994
New York, New York
of a stroke

### STRANGE & FASCINATING FACTS

He played 5 musical instruments: piano, clarinet, saxophone, violin, and accordion.

After the Watergate Scandal (involving a break-in at the Democratic Headquarters) he resigned to avoid being impeached.

He hosted the largest dinner ever at the White House to welcome home American Vietnam POWs (prisoners of war).

## RICHARD NIXON — 37th

```
D I M P E A C H W B B P V
E N V I R O N M E N T J M
T D V P I A N T U C R I M
H I M L C C P H K E P O W
I N O F H T R I C K Y Z T
R N O C A L A R G E S T S
T D N R R N I T L G J W C
Y I L I D I M Y A Y O I A
S N A M V X P S R P R H N
E N N E L O E E G T C Y I
V E D S F F A V E I T M X
X R P I A N O E R E E M O
X M O O N L A N D I N G N
```

PIANO            MOON LANDING        NIXON

DINNER           RICHARD             TRICKY

LARGEST          THIRTY-SEVEN        ENVIRONMENT

POWS             IMPEACH             CRIMES

## HOW HE'S REMEMBERED

He ended US involvement in the Vietnam War.

He created treaties with Russia to reduce nuclear weapons.

## QUOTE

"Never be satisfied with less than your very best effort. If you strive for the top and miss, you'll still 'beat the pack.'"

### Gerald Ford

**38TH US PRESIDENT**

**PARTY**
Republican

**NO, OF TERMS**
1 Partial

1974 to 1977

**BORN**
Jul 14, 1913
Omaha, Nebraska

**DIED**
Dec 26, 2006
Rancho Mirage, California of heart disease

## STRANGE & FASCINATING FACTS

Ford was both U.S. president and Vice President but was never elected to either office!

At college, he was a football star and turned down offers to play on two professional football teams.

He's the only president to earn an Eagle Scout badge.

# GERALD FORD — 38th

```
I C A T H I R T Y E I A B
B E Q L P V I E T N A M E
T V O T E D H F H I Z N S
Z P R O F E S S I O N A L
P T N V O L X V R G F O R
R T E F O E Q I T E S H G
O E V O T C E E Y R H L D
F A E O B T L T E A C K D
E M R T A E E N I L I R F
S V S B L D C P G D O R V
S O T A L G T V H F U K L
I T R T B E S T T G E R A
O E I S T R I V E N E V E
```

NEVER           GERALD          PROFESSIONAL
VOTED           STRIVE          ELECTED
FORD            FOOTBALL        VIETNAM
THIRTY-EIGHT    TEAM            BEST

74

**HOW HE'S REMEMBERED**

A humanitarian, he founded Habitat for Humanity and won a Nobel Peace Prize.

**QUOTE**

"You can do what you have to do, and sometimes you can do it even better than you think you can."

Jimmy Carter

**39ᵀᴴ US PRESIDENT**

**PARTY**
Democrat

**NO. OF TERMS**
1

**BORN**
Oct 1, 1924
Plains, Georgia

1977 to 1981

**STRANGE & FASCINATING FACTS**

He collects bottles and arrowheads.

He's the first and only president to report a UFO sighting.

His nickname was "hot"

As a kid, he got in big trouble for shooting his sister in the rear end with a BB gun.

# JIMMY CARTER — 39th

```
S I S T J I M M Y Q U S E
C O L L E C T F H A B I T
T Y D H Z S U O T A Y S U
H U M A N I T Y H R E T U
I G H B L G S T I R B E F
R B U I W H A A R O B R N
T O M T C T G J T W G L O
Y X A A I H I Y H U W B
N B N T R N B M N E N C E
I B I N T G I M I A N O L
N G C A R T E R F D F L A
E U O G N O B E I U C L C
Z F A R R O W H E Z O E R
```

HUMANITY       THIRTY-NINE    ARROWHEAD
HABITAT        CARTER         COLLECT
JIMMY          UFO            BB-GUN
NOBEL          SIGHTING       SISTER

### HOW HE'S REMEMBERED

He presided over the Cold War and urged Russia to tear down the Berlin Wall.

### QUOTE

"Heroes may not be braver than anyone else. They're just braver five minutes longer."

# Ronald Reagan

1981 to 1989

**40TH US PRESIDENT**

**PARTY**
Republican

**NO. OF TERMS**
2

**BORN**
Feb 6, 1911
Tampico, Illinois

**DIED**
June 5, 2004
Los Angeles, California of Alzheimer's and pneumonia

### STRANGE & FASCINATING FACTS

He used an astrologer to organize his schedule.

His dad called him "Dutch".

He was a famous actor but was upset that he never won an Oscar.

He was nearly killed by a chimpanzee.

He was an FBI informant.

# RONALD REAGAN — 40th

```
E F R B E R L I N W A L L
C E O G C E O S B P M V W
H L A R O A O N T D A E P
E E A T T G D E A R U M R
R I C F B A U I B L I T G
B A N F R N T F F H D K C
E N R A O F C S C A J X I
R A O M D R H O E A M B U
L P N O H P T P C O F O O
I L A U L E M Y H K S Q S
N K D S E X R G I E T C C
W L A C T O R O M Z G M A
A B M V B R A V E D W K R
```

ACTOR          FORTY          REAGAN
OSCAR          HERO           FBI
CHIMP          BRAVE          FAMOUS
RONALD         DUTCH          BERLIN WALL

## HOW HE'S REMEMBERED

He presided over the Gulf War.

He signed the Americans with Disabilities Act that protects their civil rights.

## QUOTE

"No problem of human making is too great to be overcome by human ingenuity, human energy, and the untiring hope of the human spirit."

### George Bush

1989 to 1993

**41ST US PRESIDENT**

**PARTY**
Republican

**NO, OF TERMS**
1

**BORN**
Jun 12, 1924
Milton, Massachusetts

**DIED**
Nov 30, 2018
Houston, Texas of Parkinson's disease

## STRANGE & FASCINATING FACTS

His son was the 43rd president.

He celebrated his 90th birthday by skydiving.

While flying in the Navy, he survived being shot down during a bombing run near Japan.

He and his wife Barbara were the longest-married presidential couple.

He was knighted by Queen Elizabeth II.

# GEORGE BUSH — 41st

```
P G E O R L O N G E S T X
Z S P I R I T J G U Y S F
D I S A B I L I B T L P O
D G M L O N G E I E E I R
B E Q H A G U L F W A R T
A O S K Y D I B O M B I Y
R R B A E B O M B I N G O
B G Y Y A B A R B A Q D V
A E J S K Y D I V E P G T
R A I A Y F O R T Y O N E
A D F W P E N E R G Y H J
C X O V J A P A B U S H W
G U L F W N N J N E N E R
```

- BOMBING
- JAPAN
- SKYDIVE
- ENERGY
- GEORGE
- FORTY-ONE
- BARBARA
- LONGEST
- BUSH
- GULF WAR
- DISABILITY
- SPIRIT

## HOW HE'S REMEMBERED

He presided over the longest period of peacetime economic expansion in American history.

He signed the North American Free Trade Agreement.

## QUOTE

"If you live long enough, you'll make mistakes. But if you learn from them, you'll be a better person."

## Bill Clinton

**42ND US PRESIDENT**

**PARTY**
Democrat

**NO. OF TERMS**
2

1993 to 2001

**BORN**
Aug 19, 1946
Hope, Arkansas

## STRANGE & FASCINATING FACTS

As a kid, he was nicknamed "Bubba".

He was impeached while president because he lied about something he didn't want people to know about.

His wife, Hillary Rodham Clinton, ran for president. She won the popular vote, but lost the electoral college vote.

He won two Grammys for "Best Spoken Word Album."

# BILL CLINTON

**42nd**

```
T L B B B B D A N D S O C K
U E I O B F O R T Y T A A
J A L G A T S D A N D E R
G R L X N A P E A C E T I
R D L I F L O V N P A J F
A J L O O L X T C E F T R
M C Z F R E E T R A D E E
M A X Z T R D N L C C L E
Y L S B Y G A C Z E Y S T
A L O I T I L L T T A D R
L E C L W C B I P I M R A
B R K B O R U N W M I J N
U G S G R A M T U E N X E
```

| | | |
|---|---|---|
| PEACETIME | LEARN | SOCKS |
| CLINTON | GRAMMY | ALLERGIC |
| FORTY-TWO | ALBUM | DANDER |
| FREE TRADE | CAT | BILL |

## HOW HE'S REMEMBERED

He presided during the 9/11 terrorist attacks.

He declared global war on terrorism.

## QUOTE

"A leader is someone who brings people together."

## George W. Bush

**43RD US PRESIDENT**

**PARTY**
Republican

**NO. OF TERMS**
2

**BORN**
Jul 6, 1946
New Haven, Connecticut

2001 to 2009

## STRANGE & FASCINATING FACTS

He was head cheerleader in high school.

As a student at Yale University, he was arrested for stealing a Christmas wreath from a hotel, but the charges were later dropped.

He once owned the Texas Rangers baseball franchise.

His father, George Bush, was the forty-first president.

He was nearly assassinated.

# GEORGE W BUSH — 43rd

```
U R H O T E F E A D K N V
H A V E L E A D E R L I W
W N T E R R O R I C N N R
N G H F O R T Y T H R E E
Y E O C X V E K F R G E A
A R T H W I R N O I E L N
L S E R R B R R R S O E I
E G L I E A O R T T R V N
G Y B S A S R A Y M G E E
B E I T T E I N T A E N E
T U O M H B S G H S Y A L
R A S R X A M E R F Q P E
B U G H B A S E B A L L V
```

FORTY-THREE    RANGERS    LEADER
TERRORISM     GEORGE     YALE
NINE ELEVEN   BASEBALL   WREATH
HOTEL         BUSH       CHRISTMAS

## HOW HE'S REMEMBERED

He's America's first black president.

He signed the Hate Crimes Prevention Act.

He won a Nobel Peace Prize.

## QUOTE

"Change will not come if we wait for some other person or some other time. We are the ones we've been waiting for. We are the change that we seek."

**Barack Obama**

**44TH US PRESIDENT**

**PARTY**
Democrat

**NO. OF TERMS**
2

2009 to 2017

**BORN**
Aug 4, 1961, Honolulu, HI

## STRANGE & FASCINATING FACTS

He hasn't liked ice cream ever since his first job scooping it at a Baskin-Robbins store.

He has read every Harry Potter book.

He owns a set of boxing gloves autographed by Muhammad Ali.

At school, his nickname was "O'Bomber" because he was a great basketball player.

# BARACK OBAMA

```
U B A R A C K C V H A W A
F H A T E C R I M E J E B
O I A S F O R T Y F O X A
N W R U K F P R I Z E P S
B R M S L E G B L A C R K
G L B F O R T Y F O U R E
B H A W A I I B O C Q Q T
O O R C P R I Z A B H Q B
X H A D K O B A M L A A A
I C H A N G E G X B L M N
N B O X I N S C O O P S A
G K T H F I R S T S C O O
G G B H A T E C R I S K C
```

SCOOP          FORTY-FOUR        CHANGE

BLACK          BOXING            PRIZE

FIRST          BASKETBALL        HATE CRIME

BARACK         OBAMA             HAWAII

86

**HOW HE'S REMEMBERED**

He initiated the Space Force, the 6th branch of the Armed Forces.

He presided over the COVID-19 pandemic.

**QUOTE**

"Without passion you don't have energy, without energy you have nothing."

## Donald Trump

**45TH US PRESIDENT**

**PARTY**
Republican

**NO. OF TERMS**
1

**BORN**
Jun 14, 1946
New York, New York

2017 to 2021

**STRANGE & FASCINATING FACTS**

He played a cameo in the movie Home Alone 2.

As a kid, he was sent to military school due to bad behavior.

It's said that his favorite drink is Diet Coke.

He was a television reality star.

He fought Vince McMahon in WrestleMania.

# DONALD TRUMP — 45th

```
S Y J Z F O R C E S A S T
P A S H I E N E R G Y P O
B D S D R I N K D O N A D
R C J P W I F S N I R C O
A A V A C H O I C E B E N
N M I S F I R T Y F I F A
C E Z S O O T M R F L O L
H O M I R P Y E B U Z R D
W Q W O C H F N R P M E A
D R I N V I I E A S I P C
A D U Y U K V R N V Z M A
G B S P A C E F O R C E M
V V A C H O I M T R U M E
```

BRANCH　　　　DRINK　　　　TRUMP

FORCES　　　　DONALD　　　SPACE FORCE

PASSION　　　FORTY-FIVE　　CAMEO

ENERGY　　　　VA CHOICE　　MOVIE

**Answer key follows**

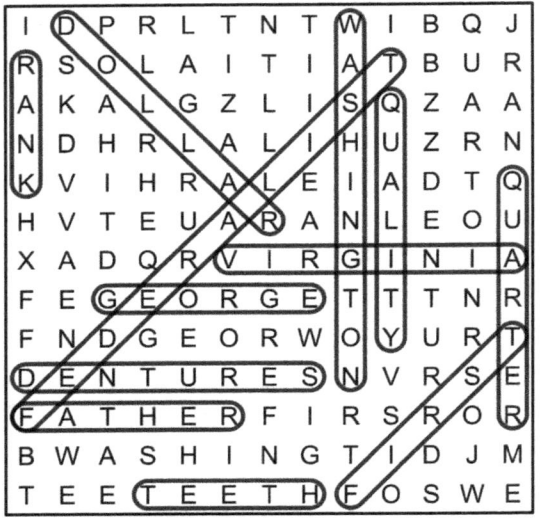
1 George Washington p.3

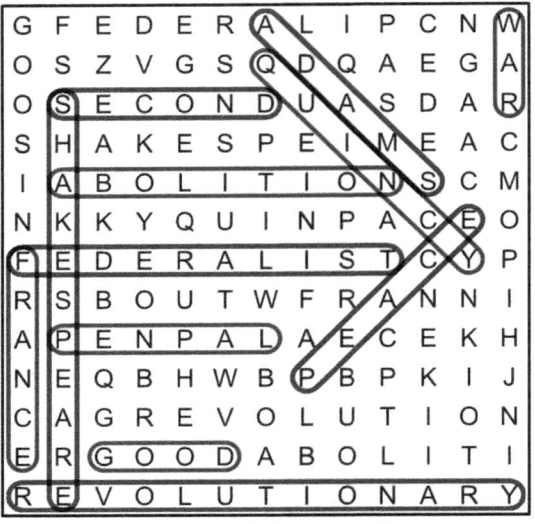
2 John Adams p.5

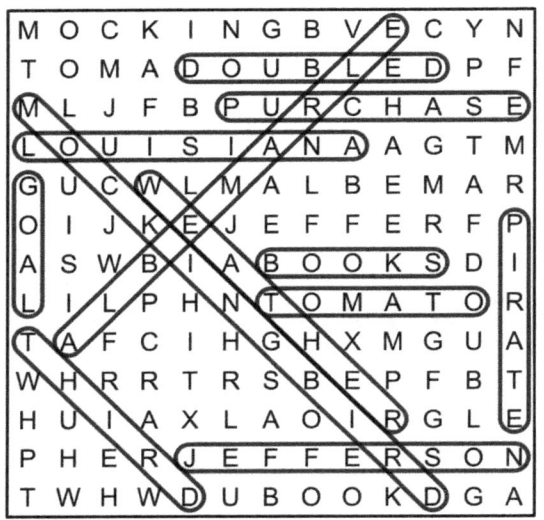
3 Thomas Jefferson p.7

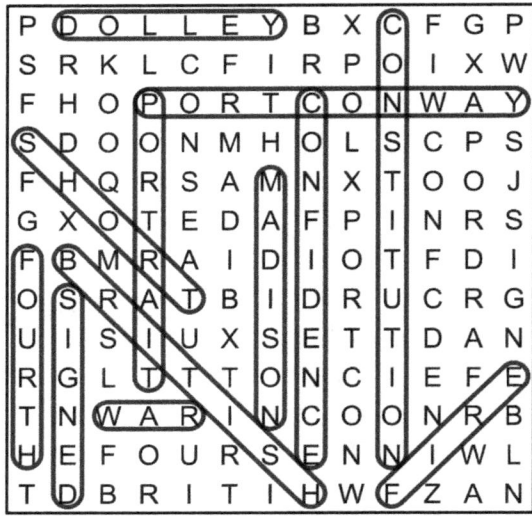
4 James Madison p.9

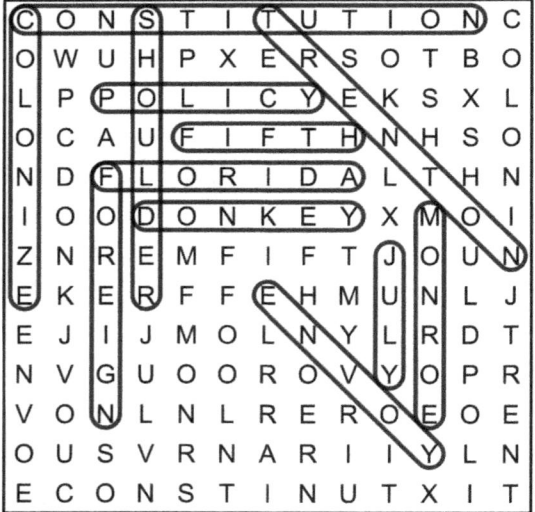
5 James Monroe p.11

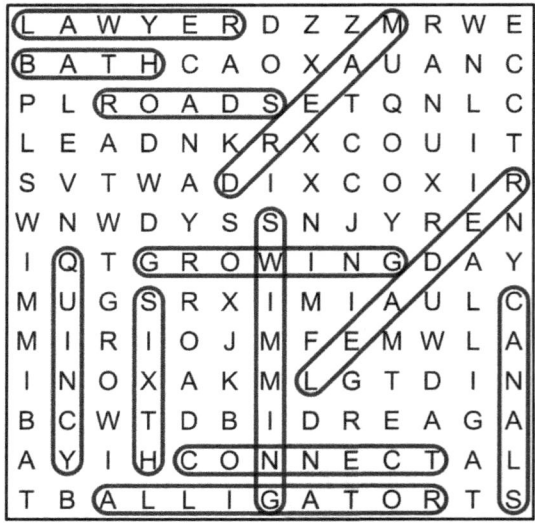
6 John Quincy Adams p.13

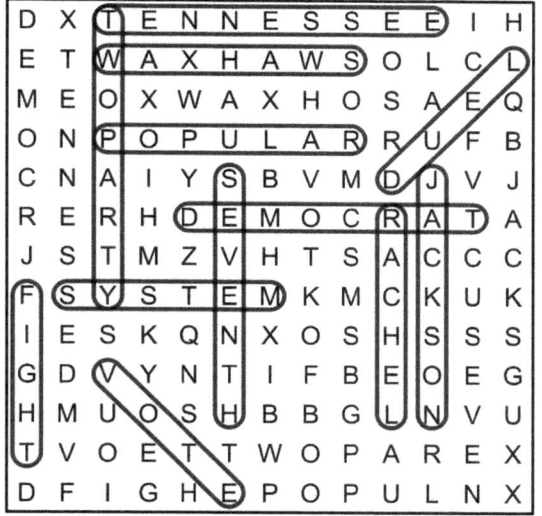
7 Andrew Jackson p.15

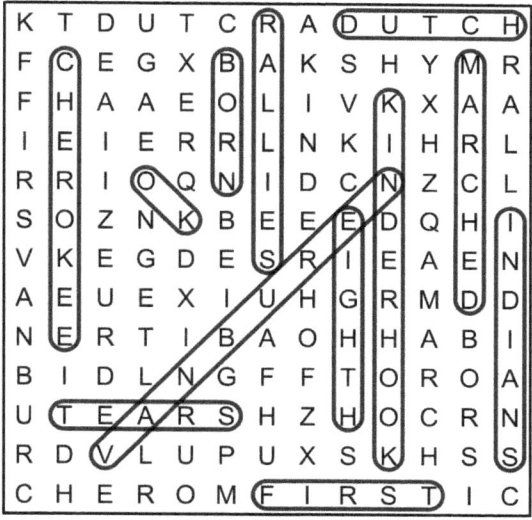
8 Martin Van Buren p.17

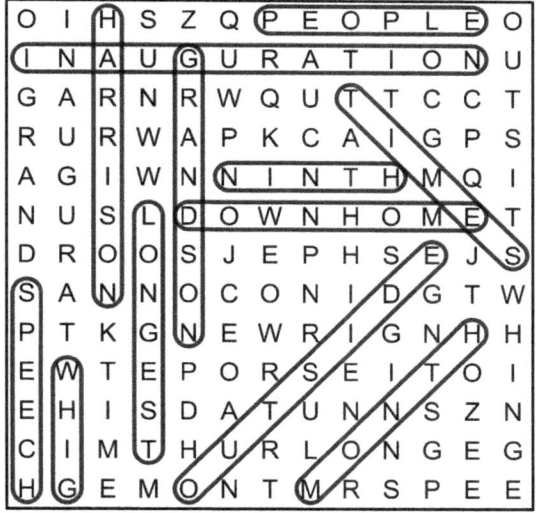
9 William Henry Harrison p.19

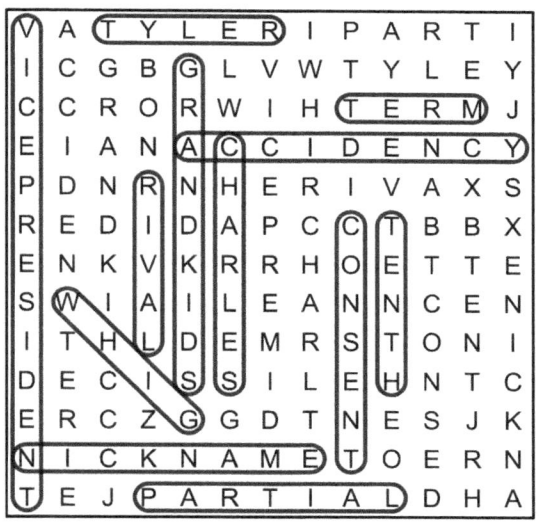
10 John Tyler p.21

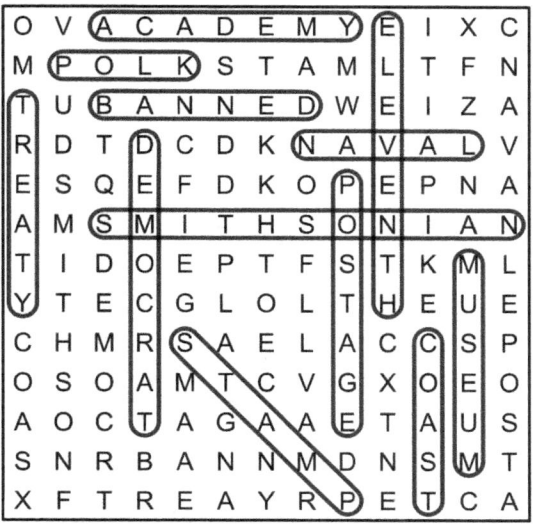
11 James K Polk p.23

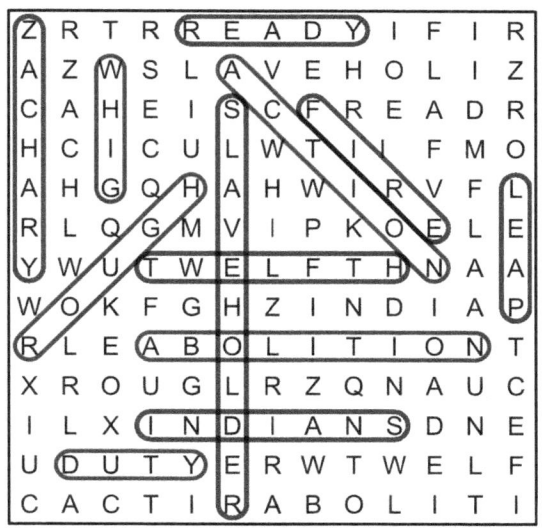
12 Zachary Taylor p.25

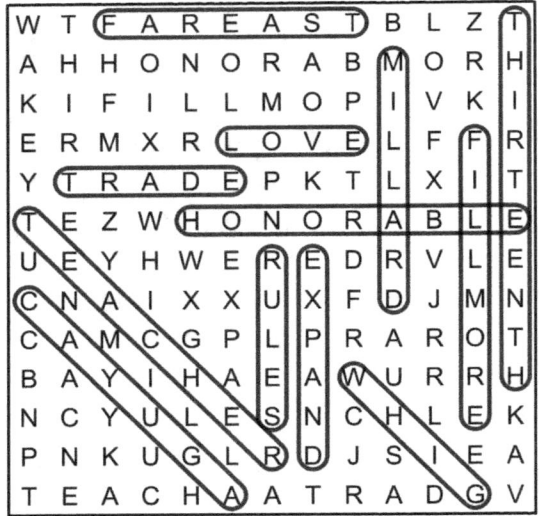
13 Millard Fillmore p.27

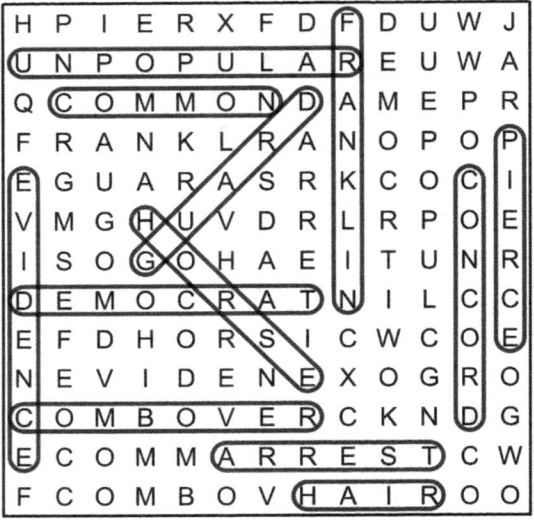
14 Franklin Pierce p.29

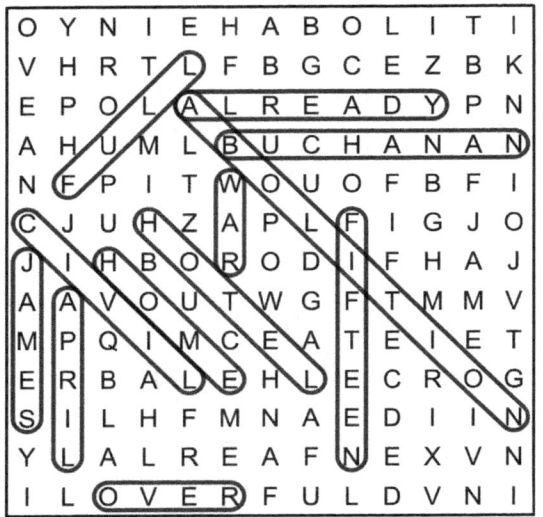
15 James Buchanan p.31

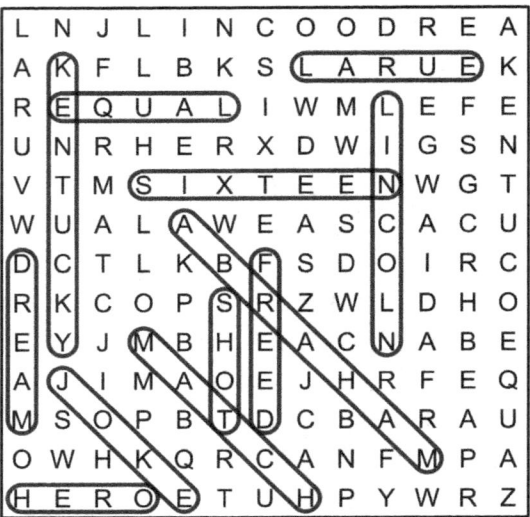
16 Abraham Lincoln p.33

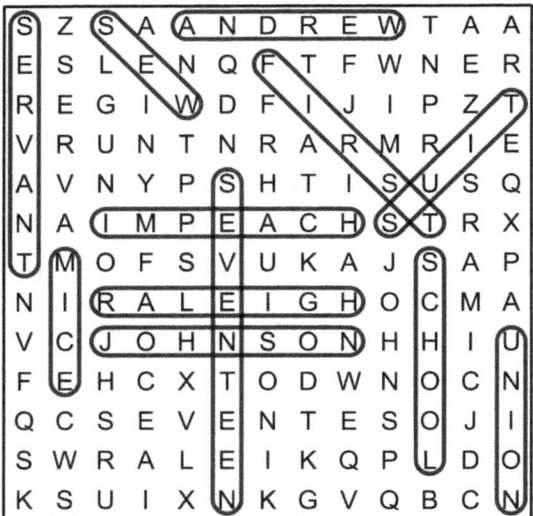
17 Andrew Johnson p.35

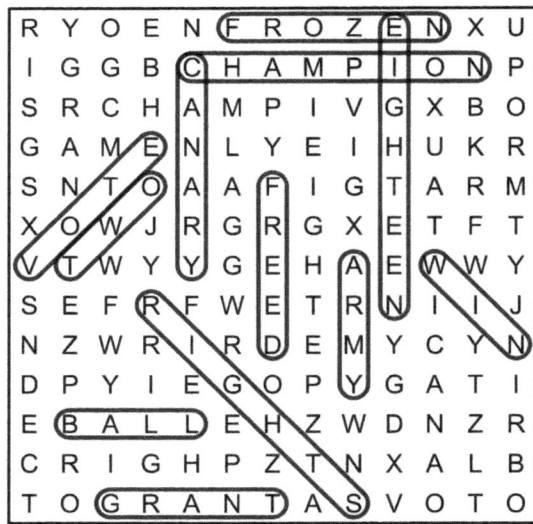
18 Ulysses S. Grant p.37

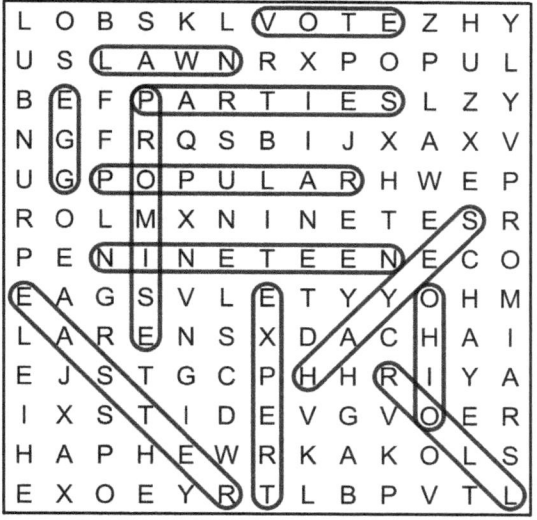
19 Rutherford B Hayes p.39

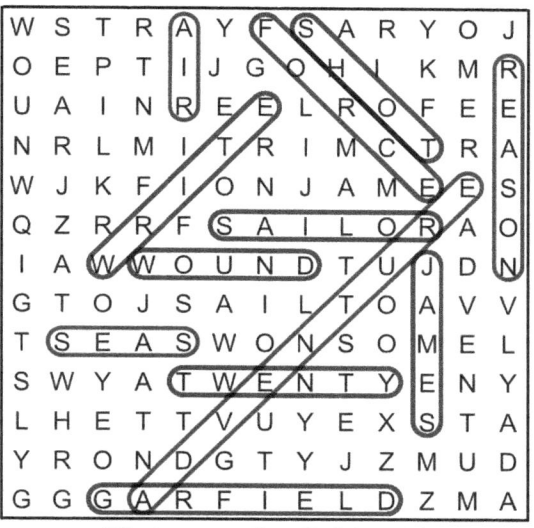
20 James Garfield p.41

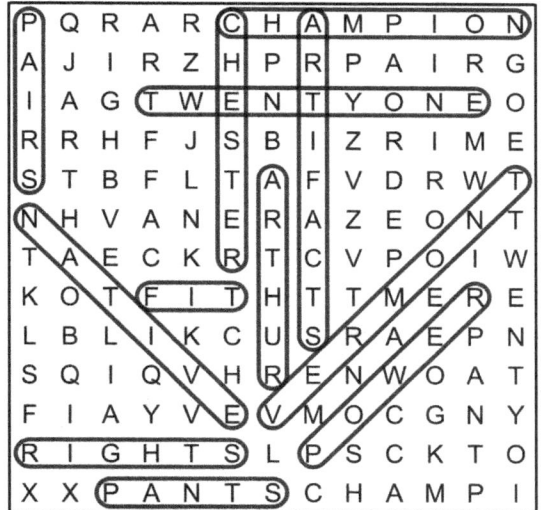
21 Chester Arthur p.43

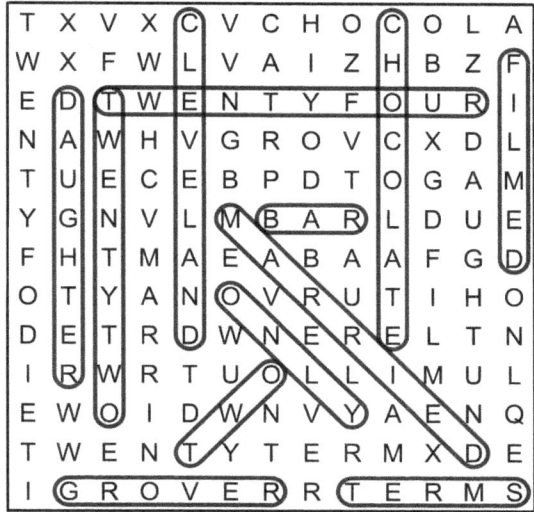
22 Grover Cleveland p.45

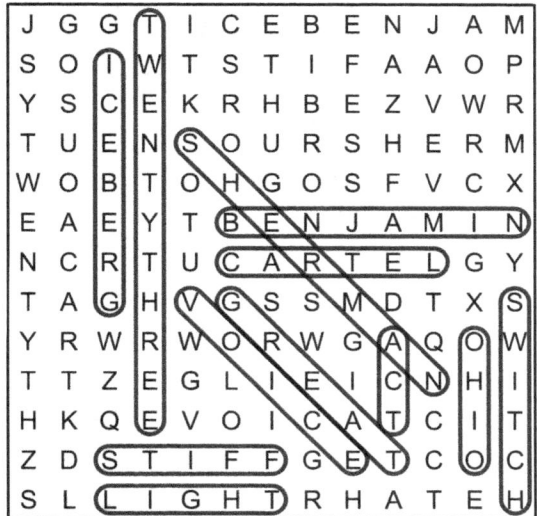
23 Benjamin Harrison p.47

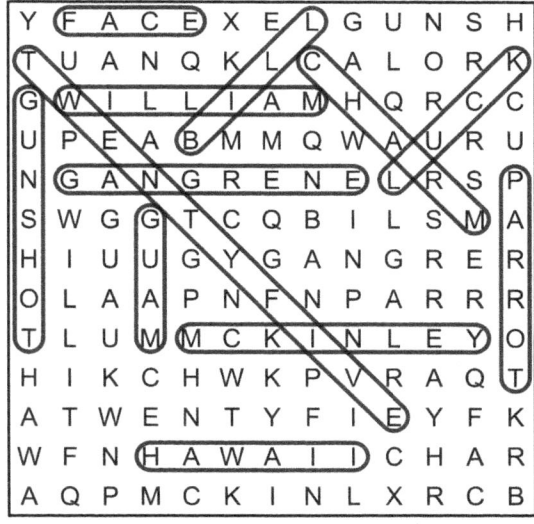
25 William McKinley p.49

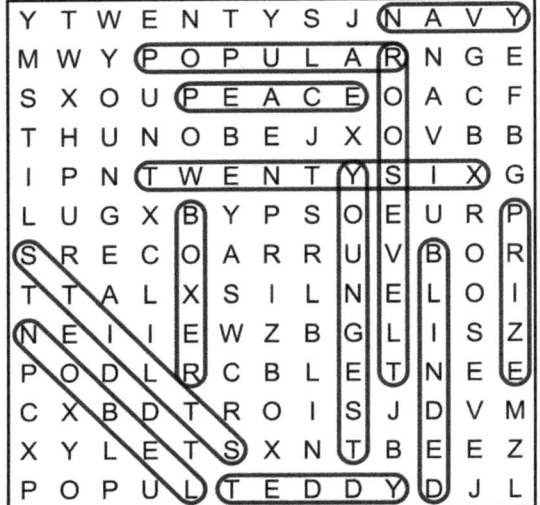
26 Theodore Roosevelt p.51

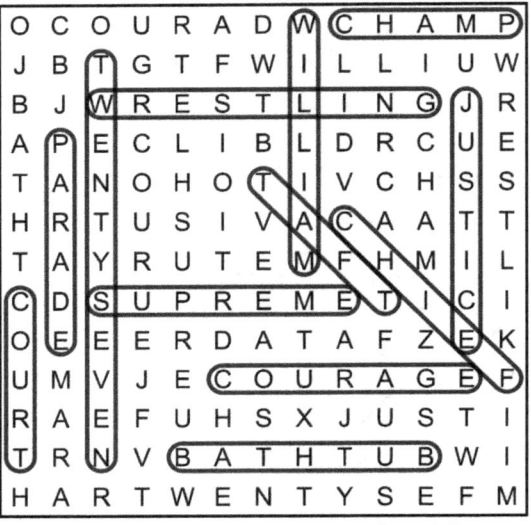
27 William Howard Taft p.53

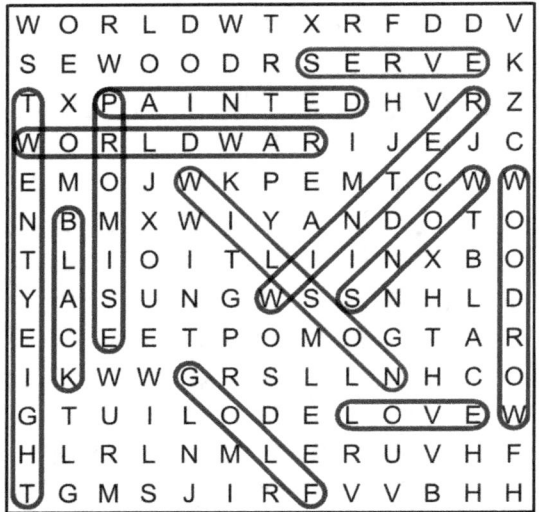
28 Woodrow Wilson p.55

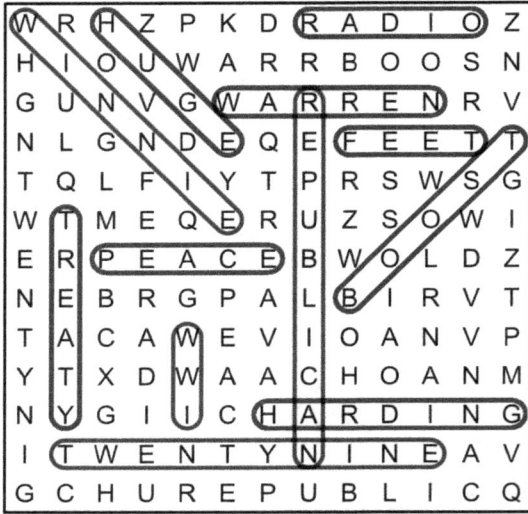
29 Warren G Harding p.57

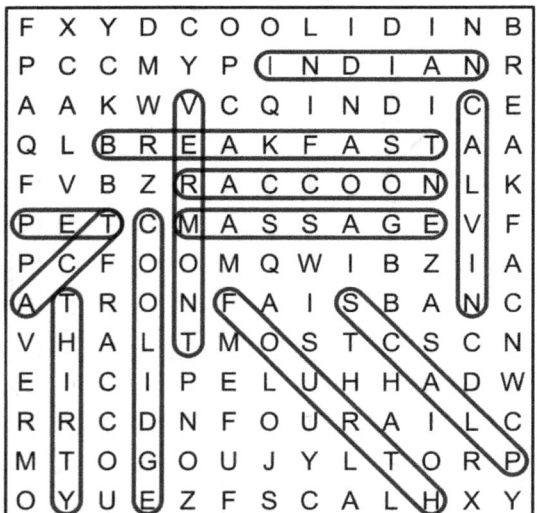
30 Calvin Coolidge p.59

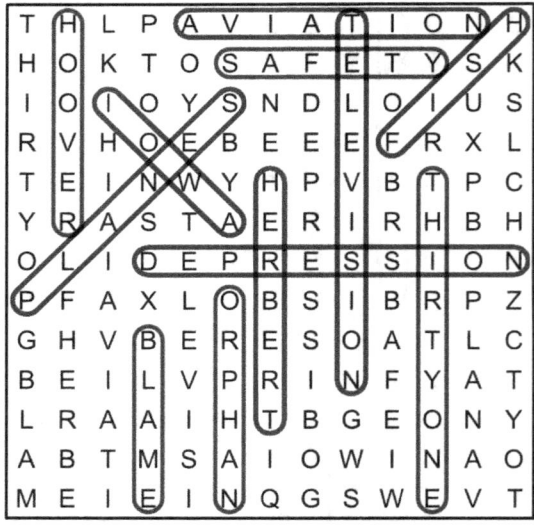
31 Herbert Hoover p.61

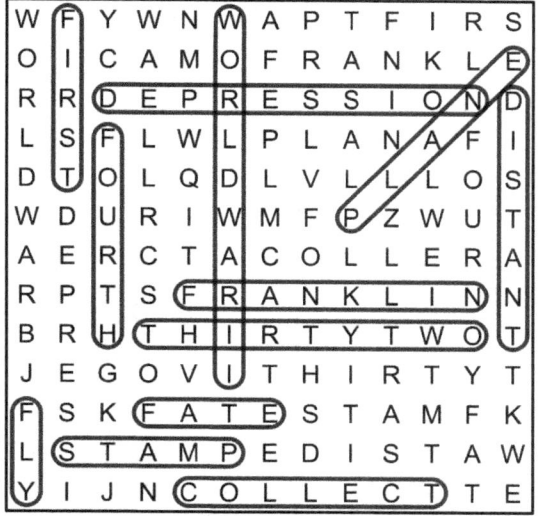
32 Franklin D Roosevelt p.63

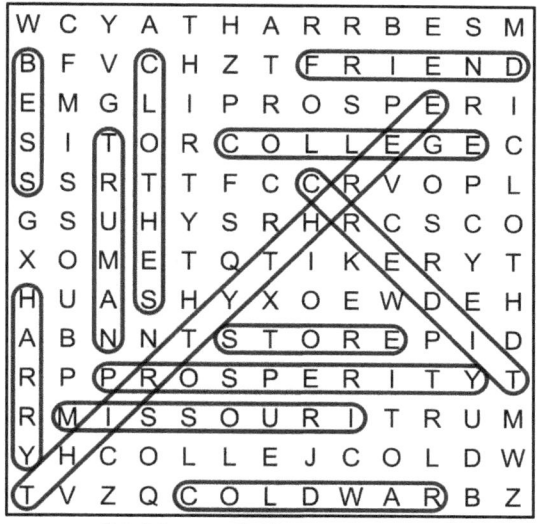
33 Harry S Truman p.65

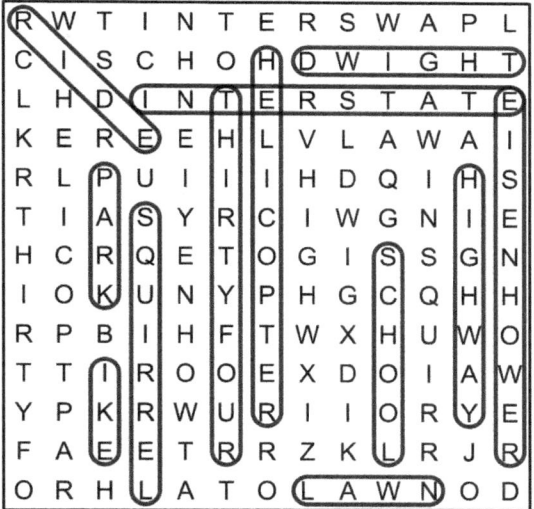
34 Dwight Eisenhower p.67

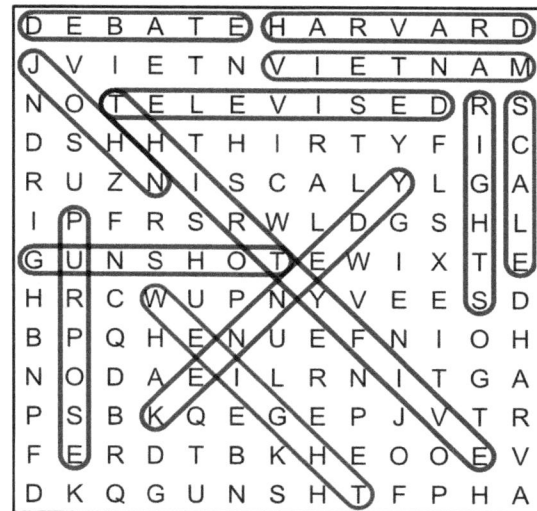
35 John F Kennedy p.69

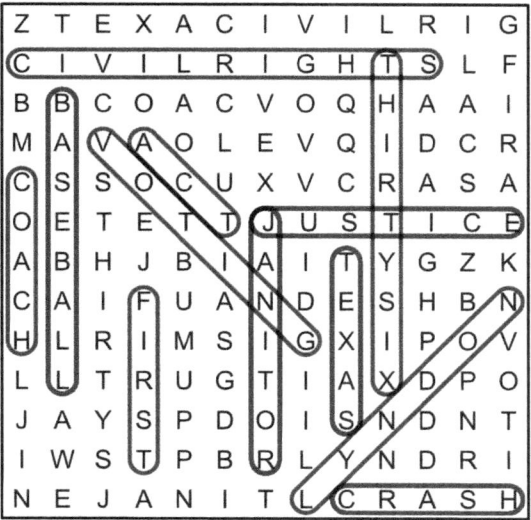
36 Lyndon B Johnson p.71

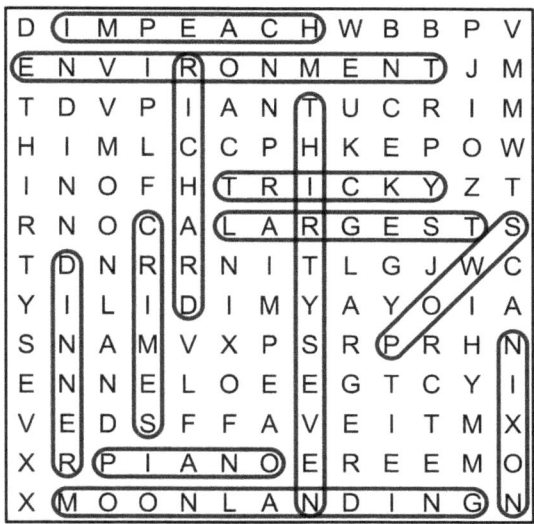
37 Richard Nixon p.73

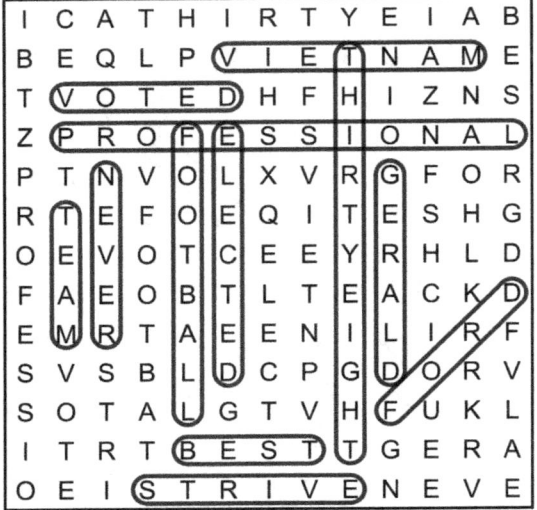
38 Gerald Ford p.75

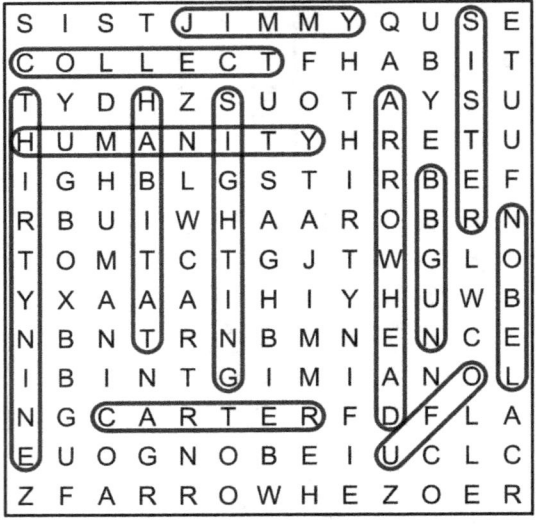
39 Jimmy Carter p.77

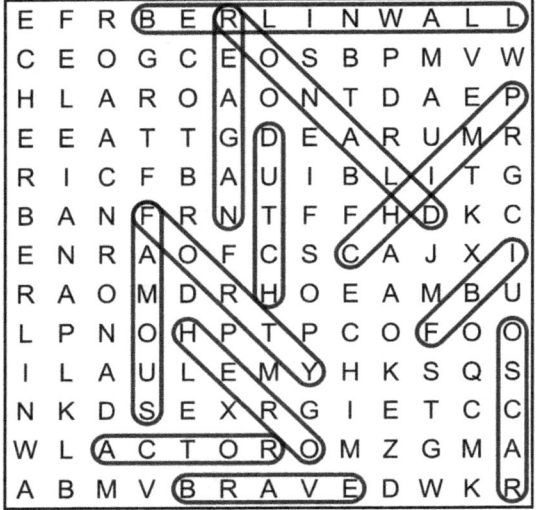
40 Ronald Reagan p.79

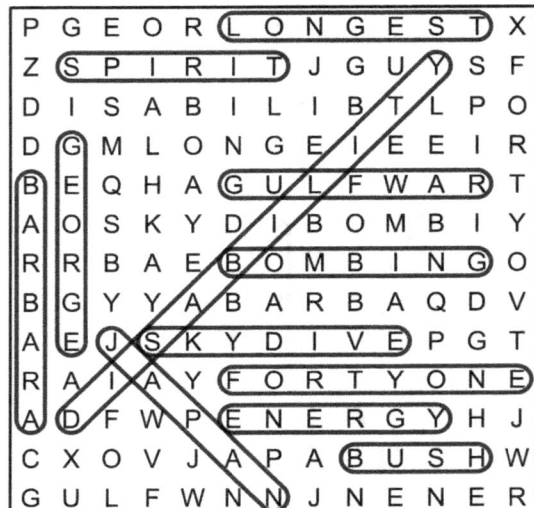
41 George Bush p.81

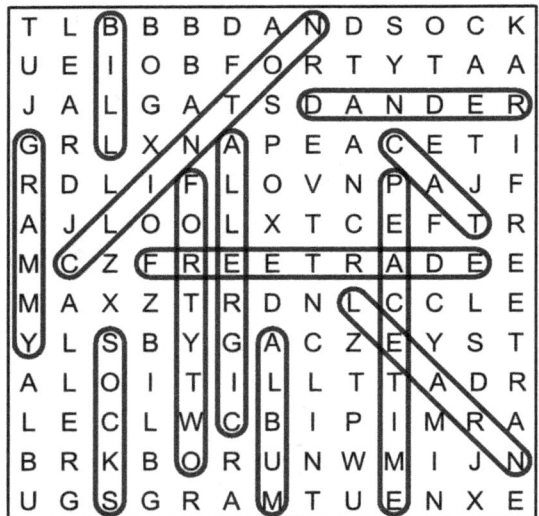
42 Bill Clinton p.83

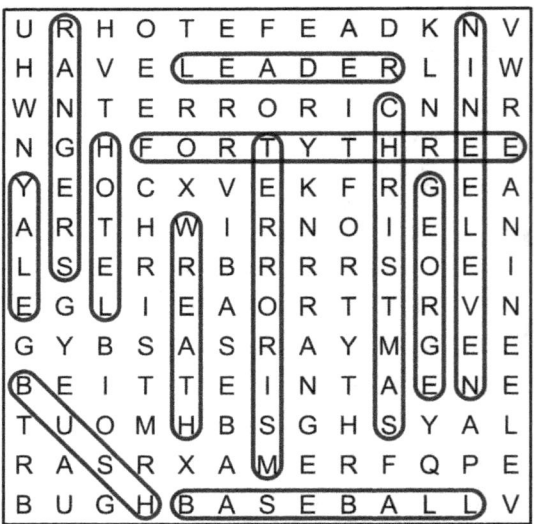
43 George W Bush p.85

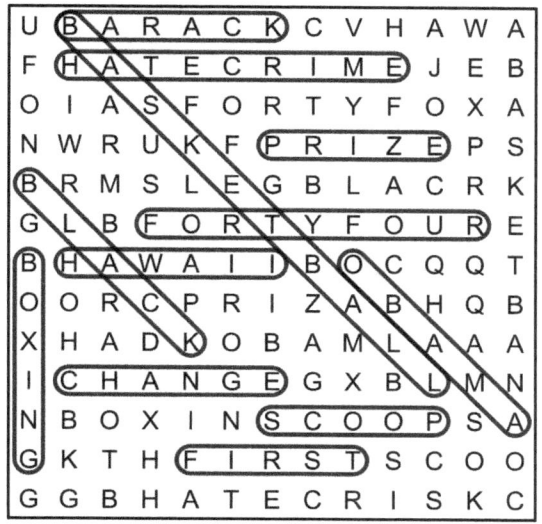
44 Barack Obama p.87

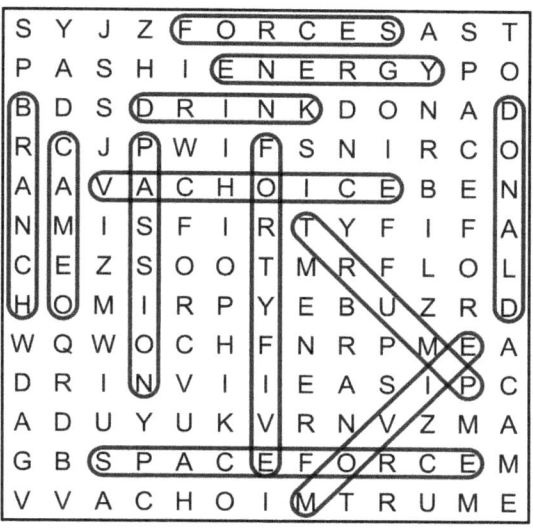
45 Donald Trump p.89

## More books by Scott Peters

Meet America's Presidents: 2-Minute Visits
Wacky Facts Word Search: 50 US States

### Kid Detective Zet Mysteries

Mystery of the Egyptian Scroll
Mystery of the Egyptian Amulet
Mystery of the Egyptian Temple
Mystery of the Egyptian Mummy

Secret of the Egyptian Curse
The Mummy Book

### I Escaped Series

I Escaped North Korea!
I Escaped the California Camp Fire
I Escaped the World's Deadliest Shark Attack
I Escaped Amazon River Pirates
I Escaped The Donner Party

Visit Scott's ancient Egypt website for tons of free puzzles and activities at:
kidsancientegypt.com

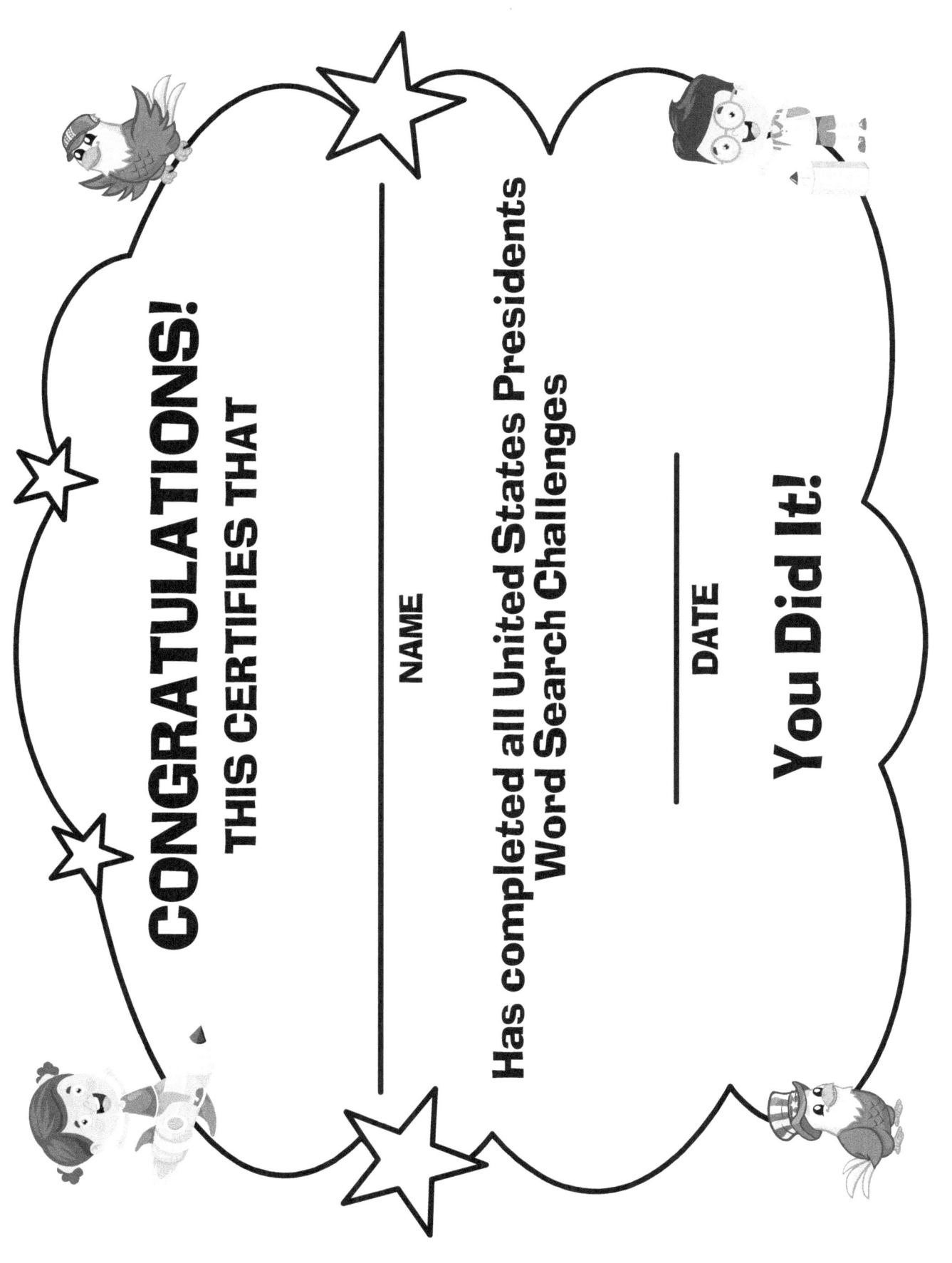